Tilmann Moser

Eine fast normale Familie

Über Theater
und Gruppentherapie

Suhrkamp

edition suhrkamp 1223
Neue Folge Band 223
Erste Auflage 1984

Erstausgabe

Satz: Riebold, Offenburg
Druck: Nomos Verlagsgesellschaft, Baden-Baden
Printed in Germany
Umschlag nach Entwürfen von
Willy Fleckhaus und Rolf Staudt

1 2 3 4 5 6 – 89 88 87 86 85 84

Inhalt

Eine fast normale Familie

Personen

Vater, 45, Sachbearbeiter im Staatsdienst

Mutter, 42, Hausfrau

Sohn Karl, 16, Realschüler

Tochter Petra, 15, Oberschülerin
Petra 2, ihre verborgene, rebellische Doppelgängerin

Großvater, Großmutter	beide tauchen, real weit entfernt wohnend, aber im Untergrund der Familie lebendig, während der Krise als »Gäste« auf.

Während Karl seine Konflikte mit der Außenwelt austrägt, lebt Petra mit einer inneren Spaltung, einer Doppelgängerin.

Die Familie, Vater, Mutter, Karl und Petra, um den Fernseher versammelt im durchschnittlich behaglichen Wohnzimmer, Plüschsessel, Vater trinkt Bier, Mutter strickt, lebhafte Knabberei, Erdnuß- und Chipsschälchen auf dem Tisch. Der Fernseher läuft, nicht zu laut, so daß Unterhaltung möglich ist, Bild nicht sichtbar, eine Show mit Ballett, man hört nur die Musik. Petra blättert zwischendurch noch in Illustrierten, Karl räkelt sich im Sessel, schaut aber am aufmerksamsten in den Apparat.

MUTTER Das beste am Fernsehen ist, daß man nebenbei noch stricken kann. Ich glaube, ich wüßte nicht, was ich mit den Händen machen sollte, wenn ich nur dasitzen müßte und zuschauen. Bei euch Männern finde ich das normal. Komisch . . . und du, Petra?

PETRA Das könnte ich nicht, nebenher noch stricken. Bei dir geht das ganz automatisch. Aber was zum Anfassen und Umblättern und Anschauen brauche ich auch.

KARL Die Tänzer wären vielleicht ganz schön beleidigt, wenn sie das wüßten. Die üben doch monatelang für so eine Show, und ihr sagt, ihr müßt noch was anderes machen nebenher . . .

PETRA Das ist doch deren Beruf, so zu tanzen. Ich könnte das nicht, mich in so eckige, gleichförmige Bewegungen einzwängen lassen. Die tanzen ja wie an Drähten.

VATER Redet doch nicht so einen Quatsch!

MUTTER Was ist denn daran Quatsch? Was geht dir denn durch den Kopf? Du gaffst doch auch rein, als gäb's was Wichtiges zu sehen. Wieviel Bier hast du denn schon?

VATER Willst du grantig werden an einem gemütlichen Sonntagabend? ... Ich denke an die Arbeit morgen ... und ärgere mich über die Mieterhöhung. Zu der kommt ja noch der Preisaufschlag für das Öl dazu. Und dazwischen denke ich, was das wohl für Menschen sind, die Tänzer, was die so im Alltag machen. Gut, Petra hat recht, die bewegen sich wie aufgezogen. Ich möchte mal wissen, wer sich sowas einfallen läßt, da müssen ein Unteroffizier und ein Musikmensch zusammenarbeiten. Wie sich so eine Frau wohl im Bett bewegt ...

MUTTER Jetzt hör aber auf, Heinz. Ihr Männer seid doch alle gleich. Du denkst, du siehst eine Familiensendung, aber Pustekuchen, der Mann ist eigentlich dauernd untreu dabei ...

VATER Quatsch. Dann wären heute abend 5 Millionen Männer untreu, nur vom Fernsehgucken ... Und du, denkst du dir denn nichts, wenn du die Männer siehst in den engen Hosen, wie sie mit dem Becken zucken, als würden sie Stromstöße kriegen ...

KARL Hört doch auf mit dem schleimigen Gerede, sonst schalte ich doch noch auf Fußball um ... Wieviel Mieterhöhung gibt es denn?

VATER 200 Mark.

KARL Und, macht dir denn das was aus, ich meine, das kann uns doch nicht umhauen, du kriegst doch auch immer wieder mal mehr bezahlt. Streikt ihr eigentlich nie bei eurer Behörde?

VATER Das würde sich keiner getrauen. Ich fände es auch komisch. Manchmal packt dich schon die Wut. Dieses Jahr wollen sie uns einreden, daß drei bis vier Prozent das höchste der Gefühle sind ...

MUTTER Bis jetzt sind wir noch immer ausgekommen. Aber große Sprünge haben wir auch nie machen können. Wir wollten auch keine großen Sprünge machen. Und die Nachhilfestunden für Petra bezahle ich vom Gesparten. Dafür kann man ruhig die Reserven angreifen, finde ich . . .

KARL Aber für ein neues Fahrrad für mich wollt ihr sie nicht angreifen. Typisch.

VATER Dafür kriegst du Tennisstunden und die ganze Ausrüstung. Davon hätte ich nicht einmal zu träumen gewagt, in deinem Alter.

KARL Ja, und zu einem Bier danach muß ich mich immer einladen lassen!

MUTTER Du stirbst noch mal an deiner Unzufriedenheit. Von mir hast du das nicht. Leiste doch selbst mal was, später, dann kannst du Ansprüche stellen . . . Aber ich hab' jetzt wirklich genug von dem Gezänk. Ich freu' mich immer auf die Sonntagabende, wo wir alle zusammensitzen, und jetzt fürchte ich mich manchmal vorher, weil eine gereizte Stimmung aufkommen könnte. Wir sollten uns alle ein bißchen mehr Mühe geben.

VATER Mutter, du hörst das Gras wachsen. Mich stört es nicht, wenn wir uns ab und zu mal ein bißchen anblaffen. Wir wissen doch, daß es freundlich gemeint ist und daß wir zusammengehören. Und am Sonntag abend hat Karl noch nie seinen verrückten Ideen freien Lauf gelassen . . . *herausfordernd-ängstlicher Blick zu Karl.*

MUTTER Vorsicht, Heinz, reiz ihn nicht . . .

KARL Laß ihn doch reden! Ich habe keine verrückten Ideen. Mir stinkt die Schule, aber ich weiß nicht, was ich sonst machen sollte. Jeden Morgen um acht ins Büro, das kann ich mir nicht vorstellen. Von unserer

Schule will einer nächstes Jahr nach Kanada auf eine Bohrinsel. Dort verdient er angeblich so viel in einem halben Jahr, daß er zwei Jahre davon leben kann.

MUTTER Das würde ich dir nicht erlauben . . .

KARL Ich glaube auch nicht, daß dem seine Mutter das erlaubt. Ich schätze, er fragt nicht danach, außerdem ist er achtzehn. Der ist eines Tages einfach weg und kommt mit ein paarmal zehntausend Dollar zurück und ist ein Mann und geht dann gammeln.

PETRA Mir gefällt's hier ganz gut. *Dieser Satz ist eine Provokation, die jeder für sich zu verarbeiten hat.*

MUTTER Mir nämlich auch! Ich weiß gar nicht, was ihr habt.

VATER Wer hat was? . . . *als ob er sich insgeheim angegriffen fühlte . . .*

MUTTER Na also, ich möchte nichts dran ändern! *eher feindselige Blicke zu Karl.*

PETRA Ich möchte mal wissen, was dir hier so wenig paßt.

KARL Ich hab doch gar nichts gesagt. Nur manchmal langweile ich mich fast zu Tode, dann bin ich sauer, daß ich noch kein eigenes Geld verdiene.

VATER Das läßt sich leicht ändern. Du gehst von der Schule ab und fängst eine Lehre an, dann weißt du am Abend, was du gemacht hast, und gute vierhundert Mark hast du außerdem . . .

MUTTER Bitte, laßt das. Das kann man doch alles in Ruhe besprechen. Aber nicht gerade heute abend . . . Wenn ich nur wüßte, was ich morgen koche. Am Nachmittag ist mein Zuschneidekurs. Als erstes kriegt Petra ein Kleid. Ihr anderen müßt eure Wünsche anmelden . . . *Pause, bis zur heiklen Frage:*

KARL Was hat Opa denn geschrieben? Das ist doch gut ein Jahr her, seit ich die Schrift zum letztenmal gesehen habe.

VATER Komisch, was hat er denn schon wieder?

MUTTER Den Brief hatte ich völlig vergessen, obwohl er ganz harmlos ist. Er hat ein Stück von seinem Garten verkauft und will uns fünftausend Mark schicken.

VATER Einfach so? . . . *leicht beklommenes Schweigen:* Ich dachte, . . . er hätte uns endlich vergessen.

MUTTER Er will nur wissen, wie es uns geht und ob du immer noch auf deinem Sachbearbeiterposten sitzt . . . Tust du ja auch! Man ist doch sehr mit dir zufrieden?

VATER Was muß der uns Almosen schicken? . . .

PETRA Almosen? Fünftausend Mark! Das ist ja ein halbes neues Auto, oder ein Pferd . . . Was ist denn für eine komische Stimmung, plötzlich?

VATER Der Betrag ist verdammt gut gewählt. Fast zwei Nettogehälter, nicht schlecht. Wer schreibt denn den Dankesbrief? Hast du ihm geschrieben, wir seien knapp bei Kasse?

MUTTER *schüttelt den Kopf*

VATER Das will ich hoffen!

MUTTER Was ist daran so schlimm, wenn er uns unter die Arme greift?

VATER Menschenskind, wir sind doch nicht am Absaufen, daß der uns helfen müßte. Was bildet der sich ein.

PETRA Freu dich doch, Vati, und nimm's nicht so persönlich . . .

VATER Doch, ich nehm's persönlich, aber ich will diese alte Geschichte nicht aufwärmen, das war doch fast vergessen . . . Was ist denn mit dir, Karl, hast du Kopfweh . . .

KARL *zögert:* Die Stimmung schlägt mir auf den Magen . . . Ich geh' ins Bett . . . Tschüs, gute Nacht . . . *rasch ab*

PETRA Dann hab ich auch keine Lust mehr. Ich geh' auch ins Bett. Tschüs.

VATER Stell die Glotze ab. Dann kann man sich wenigstens in Ruhe unterhalten . . .

PETRA *stellt ab, an der Tür:* Gute Unterhaltung . . .

Vater und Mutter sitzen sich gegenüber und merken, daß sie sich gar nicht unterhalten können.

VATER Sag doch was. Das ist ja unheimlich . . . *Pause*

MUTTER Mir fällt nichts ein. Sag du doch was . . . *Schweigen.*

VATER Ich nehm' mein Bier mit rüber. Ich geh' auch schlafen . . .

MUTTER Ich komm' sofort . . .

MUTTER *allein:* Eine Familie ist das! . . . Wir sind doch normal, stinknormal, . . . soll bloß einer meckern. Aber Kraft kostet's, das Normalsein. Nur: das ahnt keiner von meinen Lieben, und danken tut es einem eh keiner . . .

Man hört Schreien, zwischen Vater und Sohn, von nebenan.

KARL Raus hier, das ist mein Zimmer . . .

VATER Wie redst du mit mir!

KARL Raus!

VATER Schrei nicht so. Du weckst ja das ganze Haus . . .

KARL Raus, Mensch, raus . . . das ist mein Zimmer . . .

VATER Statt daß du dich freust, wenn ich dir gute Nacht sagen will . . .

KARL Ich hab' euch längst gute Nacht gesagt. Was willst du? Ich brauche einen Raum, wo ich allein sein kann . . .

VATER Man wird dir doch noch gute Nacht sagen dürfen . . .

KARL Nein, raus, das ist Einmischung . . . Ich platz' doch auch nicht in euer Zimmer mit so einem blöden Vorwand.

VATER Du Idiot! Vielleicht hätten wir noch ein bißchen geredet.

KARL Ich will aber nicht, ich weiß auswendig, was du sagst! Schule, Zukunft, du machst dir Sorgen . . .

VATER *ruhiger:* Manchmal denke ich, einem von uns fällt ein neues Wort ein, nicht das, was man schon kennt.

KARL Ich will nicht mehr reden, ihr wollt mich einseifen mit Worten, das ist alles.

VATER *ist ins Wohnzimmer zurückgekommen, macht die Tür hinter sich zu.* Mir graust vor der Nacht. Das wird wieder ein Gewälze geben, und einen dumpfen Kopf morgen früh!

MUTTER Komm, trink dein Bier lieber hier zu Ende. Ich kann auch nicht mit ihm. Aber du stellst es noch ungeschickter an als ich . . . Rausgeschmissen hat er mich noch nie . . . Wieso läßt du dir das eigentlich gefallen . . . Manchmal denke ich, er muß in ein Heim oder in eine Klinik. Er ruiniert noch die Familie. Irgendwie schlägt er einem alles aus der Hand, was man anstrebt . . . Meinst du, die Nachbarn haben das alles mitgekriegt?

VATER Du kannst einem schon auf die Nerven gehen mit deinem Nachbarntick. Mir ist das allmählich egal. Ist doch alles nur Fassade. Nichts als Fassade.

MUTTER Heinz! Was willst du damit sagen? Bin ich dir nicht mehr gut genug?

VATER Wie kommst du denn da drauf? . . . Manchmal weiß ich einfach nicht mehr: wozu das Ganze? Und du hast so eine Idee: geh noch mal rüber zu deinem Sohn, red ein paar Worte mit ihm, wegen der Stimmung hier. Und dann fliegst du raus, in deiner eigenen Wohnung!

MUTTER Trink aus, Heinz. Ich will zu dir ins Bett. Dann können wir weiterreden.

KARL *Allein in der Küche, am frühen Morgen, kommt müde und noch leicht verschlafen herein. Ansätze, sich einen Kaffee zu machen, stößt sich am Tischbein.* Du Schwein von Tisch, wer hat dich so idiotisch dahin gestellt. Red keinen Unsinn, natürlich stehst du immer da, aber heute früh stehst du anders da. Du stehst mir im Weg. Ich haue dich klein! Du machst mir Angst. Du bist kein normaler Tisch. Halt die Fresse! Jetzt rede ich! Habt ihr schon einmal so idiotische Stühle gesehen. Verschwindet! Ihr könnt mir keine Angst machen. Haut ab! Ihr meint, ich merke nicht, daß ihr etwas vorhabt. Was flüstert ihr? He, Herd, hast du geblinzelt mit deinen dreckigen, blankpolierten Kochplatten. Ich werde euch auf die Schliche kommen. Macht euch ruhig Zeichen. Vor euch habe ich noch lange keine Angst. Ich habe schlecht geträumt. Das ist aber noch kein Grund, mich zu verhöhnen. Ruhe! *schreit:* Ich sage: Ruhe! In meinem Kopf ist donnernde Stille. Antwort! *Zündet sich eine Zigarette an und saugt gierig, schlürft Nescafé, stellt die Tasse hin, sie fällt auf den Boden, zerbricht.* Verdammt, ein schönes Täßchen! . . . Ihr müßt nicht denken, daß ihr mich, nur weil es noch früh am Morgen ist, einfach in die Falle locken könnt. Scheiß-Spiegel, ich habe keine Lust darauf, daß du mir mein Bild ins Gesicht wirfst. Du lügst sowieso. Hast du mich je schon einmal festgehalten? Du Betrüger! Ich weiß, was du sagst: ›Schau doch rein, ob du noch da bist, mein Karlchen!‹ Und wenn ich reinschaue, was ist dann? Ich sehe Karl, seitenverkehrt, und der macht mir alle Grimassen nach.

Und redet doch nicht mit mir. Ihr könnt mir keine Angst machen! So ein Blödmann von Spiegel, der kann doch nur die Oberfläche wiedergeben. Die Oberfläche ist schon wieder weg, bevor ich in der Schule bin. Ich will aber sehen, was die andern sehen, wenn sie mich sehen. *Geht zum Spiegel, schaut hinein und schmiegt sich dann mit der Stirn an sein Spiegelbild.* Hallo, Liebling, Karl, du brauchst doch keine Angst zu haben! Du Süßer! Du bist vielleicht wirklich ganz o.k. Legt die Arme schützend um den Kopf, so daß sie den Spiegel auch berühren, er redet sehr innig, werbend, fast lallend zu seinem Spiegelbild. Karl, ja, hallo, Karlchen, bleib doch bei mir, laß uns Freunde sein. Ich will dir's schön machen. Du brauchst keine Angst zu haben. Ich brauche auch keine Angst zu haben. Wenn wir Freunde sind, sind wir viel stärker. Ich möchte immer deine Stirn an meiner spüren. Jetzt bist du noch ein bißchen kalt, aber wir werden uns wärmen. Wenn du an einer Zigarette ziehst, merkst du, wie der Rauch ganz runtergeht. Du hast plötzlich das Gefühl, du bist lebendig. Der Rauch kommt irgendwo an. Also kannst du innen nicht nur ein Loch haben, einen Hohlraum. *Tritt vom Spiegel zurück, beobachtet sich aber weiter, steckt sich eine neue Zigarette an.* Feigling, haust du wieder ab? Siehst du, jetzt fährt es wieder hinunter. Das muß die Lunge sein. *hustet:* Und hier ist der Bauch *betastet seinen Körper*, das ist der Kopf *zeigt sich den Vogel*, die Nase. Den Arsch kann man nicht sehen *setzt sich auf einen Stuhl*, aber jetzt spüre ich ihn. Es ist mein Hintern. Irgendwie ein mächtiger Apparat, nur friert's mich manchmal dort. Blöd, daß dort immer hinten ist. Darüber muß ich noch nachdenken. Das sind die Arme, und Fäuste *Boxerhaltung vor dem Spiegel*. Ich fühle mich jetzt schon stärker. Wißt ihr was? Ich lasse jetzt mal mit voller Absicht eine Tasse fallen. Das ist einfach zu still hier. Mama würde sich wieder aufregen, aber sie schläft noch. Sie versteht nicht, daß man gegen diese Stille etwas unternehmen muß. Komm Täßchen *stellt es sich auf den Kopf*, du bist jetzt noch ein ganz schön heiles Täßchen, mit einem schönen Hohlraum für warmen Kaffee. Pech gehabt. Du wirst nie mehr Kaffee im Bauch haben. Du bist jetzt ausersehen, hier einen kleinen Schnitt in diese Stille zu machen. Ich hab' dich in der Hand. Ich werde ein bißchen mit dir zaubern. Der Karl verfügt jetzt über das Täßchen. Auch wenn du schön bittest, kann dich das nicht mehr retten. *Er macht mit den Armen ausholende Gesten, fühlt sich auf einmal groß und mächtig.* Ich mache jetzt gleich den Schnitt in die Stille. Ich hätte nie gedacht, daß ich so mächtig bin. Das muß man ja direkt genießen. So, mein süßes Täßchen, du machst jetzt einen schönen Fall und einen schönen Klirr, hörst du! Das muß ganz tief innen in mir ankommen. Es muß wie ein Schlußpfiff sein von etwas, oder ein Anpfiff von etwas Neuem. Ich befehle dir, daß das Klirren ein Schlußpfiff wird. Danach sehen wir weiter. Schwupp! *Tasse zerklirrt. Er steht und horcht.* Phantastisch . . . *eine längere Stille.* Es tut sich was. Ich glaube, ich sollte immer einen Vorrat von Tassen mit mir tragen. Kein schlechter Gedanke, auch für die Schule.

VATER *kommt im Morgenmantel, sieht die Scherben:* Kannst du schon am Morgen deine Kaffeetasse nicht mehr festhalten? Kehr die Scherben zusammen! Mit wem hast du denn geredet? Oder redest du mit dir selber!

KARL Leute, die mit sich selber reden können, sind nicht so allein –. Du, wie lange wohnt ihr schon in dieser

Wohnung?

VATER Frag nicht so 'nen Quatsch. Zwanzig Jahre!

KARL Und ist dir nie was aufgefallen? Ich meine, daß die Möbel so komisch dastehen, und du stößt mit dem Fuß dran und weißt, die Sachen sind heute gegen dich? Aber du kannst etwas dagegen machen, zum Beispiel eine Tasse fallenlassen ...

VATER *nach einem Zögern, ruckhaft-normal:*
Ich hab' dir schon oft gesagt: Wein und Schnaps durcheinander trinken ... bekommt dir nicht ...

KARL Ich habe keinen Kater, falls du das meinst. Ich bin unglaublich nüchtern. Bedrohlich nüchtern. Ich muß dich warnen vor meiner Nüchternheit.

VATER Hör auf mit dem Quatsch! Mach mir auch einen Kaffee, sonst kann ich den Rasierpinsel nicht halten ...

KARL *wie ein Kind:* Schaum? Darf ich dich rasieren, gleich? Ich mach's ganz vorsichtig, sanft. Ich mach's so vorsichtig, daß du schnurrst. Weißt du noch, wie ich dich als Kind gekämmt habe. Alle Haare ins Gesicht und wieder zurück? Du sahst aus wie der Teufel.

VATER Laß mich mit den Kindereien in Ruhe! Mach mir einen Kaffee! Mit dir stimmt etwas nicht. Um so schlimmer, wenn du keinen Rausch mehr hast. Es ist manchmal gut, wenn man sich auf einen Kater rausreden kann. Du hast eine Chance verpaßt.

KARL Papilein, suchst du Streit? ... Ich mag heute nicht in die Schule!

VATER Ich bin nicht dein Papilein. Da kriegt man ja eine Gänsehaut, so wie du flötest. Hoffentlich wirst du nicht schwul. Mensch, das nimmt einem ja die Luft, wie du redest. Bleib auf dem Teppich, mein Junge! Ich gehe arbeiten, du gehst zur Schule. Wenn wir mittags heimkommen, hat Mutti gekocht, und wir essen und sind zufrieden. Einverstanden? *Schweigen:* Irgend etwas an dir ist nicht geheuer. Manchmal denke ich, ich habe keinen normalen Sohn zustandegekriegt. Ich verbiete mir solche Fragen, wie lange wir schon hier wohnen und ob in dieser Küche alles in Ordnung ist. *Pause*

KARL Hast du denn Lust, zur Arbeit zu gehen? Ich meine, gehst du gern? Macht es dir Spaß?

VATER Dummes Zeug. Klar macht es Spaß, manchmal, und manchmal nicht. Wir sind eine Familie, und ich arbeite für euch. Früher sind wir sonntags spazierengegangen. Darauf habe ich mich immer gefreut während der Woche. *Pause*

KARL Darf ich dich anfassen, einfach mal drücken, nur 'n Moment? Ich fühl mich irgendwie komisch.

VATER Du sollst Kaffee machen, und nicht durchdrehen. Ich brauch' einen klaren Kopf im Büro. *Pause*

KARL Hörst du, wie es knistert? Wir sind selten allein in der Küche. Und sonst füllt Mami den Raum zwischen uns, oder Petra . . .

VATER Den Raum kann ich selber füllen. Ich will nicht, daß du mir auf den Pelz rückst.

KARL Du füllst den Raum eben nicht. WIR füllen ihn! Aber nicht jeder für sich. Und wenn wir jetzt hier sind, fühlt sich wieder alles ganz anders an. – Fall nicht in das Loch, das zwischen uns ist.

VATER Ich kriege Lust, dir eine zu kleben. Das ist ja alles bodenlos. *schreit*

KARL Genau! Das hab' ich doch gemeint mit dem Loch. Du hast keine Lust, reinzuschauen, das merke ich. Komm, gib mir die Hand, wir halten uns fest.

VATER Hör auf! Wenn ich jemandem erzähle, daß ich mit meinem Sohn Händchen halte, mit einem Bengel von 16, dann . . .

KARL Was dann? Entweder *die* sind nicht normal, oder du, oder ich! Wir spielen doch nur! Du vor allem. Ich bin unglaublich nüchtern. Daß du mein Vater bist, muß doch etwas heißen, etwas Greifbares. War dir denn klar, wer oder was dein Vater war? *verwundert:* Hallo, Vater!

VATER Das ist ja zum Weglaufen. Mein Alter ist tot, das weißt du doch. Dem hätte ich mal kommen sollen mit so einem Quatsch . . . Ich glaube, der hätte mir sofort eine geklebt. Oder mich rausgeworfen. Endgültig. Er hätte mich nicht mehr gekannt. Also laß den Quatsch!

KARL Das ist kein Quatsch, Papa. Du mußt es doch irgendwoher haben, daß du seit zwanzig Jahren so vor dich hin roboterst und weißt nicht wofür. Weißt du, was das alles soll? Oder redest du bloß nicht darüber? Mir wird ja schlecht, wenn ich denke, du arbeitest auch für mich! Und ich bin dir dankbar und liebe dich? Irrtum! Du bist gestraft mit mir, hast du das noch nie gedacht?

VATER Jetzt sei aber vorsichtig! Schlag hier nicht alles zusammen. Du warst immerhin mal ein nettes Kind. Du warst drollig. Man konnte mit dir spielen. Ich hab' dich gern mitgenommen zu Kollegen. Und jetzt, jetzt bist du ein Rotzkerl, verwöhnt, nicht ansprechbar. Dich interessiert ja nicht einmal Fußball!

KARL He, entschuldige, wer hier im Augenblick nicht ansprechbar ist, das bist du. Vielleicht paßt dir unser Thema nicht, falls wir eines haben. Ich weiß es nicht. Ich habe mit dieser Tasse eine kleine Begegnung gehabt, die mir gutgetan hat. Ich bin wütend auf dich, und gleichzeitig könnte ich dich streicheln. Als müßte ich dich trösten.

VATER Ich knall' dir jetzt eine . . . *tut es:* Das tut irgendwie gut. Als wär' was Wichtiges passiert.

KARL Siehst du *reibt sich das Gesicht*, das ist wie mit meiner Tasse. Aber irgendwie kann ich das nicht auf mir sitzenlassen ... *Schlägt ihn und wirft ihn auf den Boden, Stühle fallen mit um. Stille. Karl sieht ihn ruhig forschend, zärtlich an.*

MUTTER *Kommt im Morgenmantel, fragt fast beiläufig, weil sie den Anblick innerlich nicht fassen kann:* Was macht ihr?

KARL Das weiß ich nicht. Er wollte nicht mit mir sprechen. Er hat mich gedemütigt. Dann habe ich ihm eine Lektion erteilen müssen. Mit der Küche hat irgendwas nicht gestimmt. Jetzt, wo du da bist, stehen und hängen die Sachen fast wieder richtig. Aber paß trotzdem auf deine Füße auf. Frühstückst du mit mir? Ist eigentlich nicht schlecht, mit dir zu frühstücken, während Papa hier rumliegt. Man kann einfach nicht mit ihm reden. Redest du denn mit ihm?

MUTTER Manchmal, das weißt du doch. Es gibt so viel zu besprechen in einer Familie. Eben hat er sich bewegt. Vielleicht müßte jemand den Arzt holen? Was meinst du?

KARL Kein schlechter Gedanke. Aber das tut ihm vielleicht gut, so hier zu liegen. Ich weiß nicht, ob er bewußtlos ist. Macht ja auch kaum einen Unterschied. Ich finde, wir lassen ihn vorerst mal liegen. Vielleicht ist er froh, daß er nicht zur Arbeit muß. Weißt du, was für ein Gefühl ich habe? Er hat seit langem eine Lektion verdient, auch wegen dir. Er ist oft zu brummig. Und du wehrst dich nicht. *Pause:* Jetzt fängt es wieder ein bißchen an zu knistern in der Küche. Wie lange wohnst du schon hier?

MUTTER So lange wie Papa! Zwanzig Jahre.

KARL Und dir ist nie etwas aufgefallen mit den Möbeln?

MUTTER Nein. Was denn? Ich lauge sie jede Woche ab,

damit sich der Dreck nicht einnistet. Dein Vater hat das lange nicht einsehen wollen. Er sagt, ein bißchen Dreck ist nicht gefährlich. Später hat er es eingesehen, daß man sich wehren muß. Er weiß schon lange, welche Putzmittel er mitbringen muß. Gott sei Dank.

KARL Hast du Papi nie doppelt gesehen? *Pause. Mutter rückt weit weg innerlich.*

MUTTER Doch. Zweimal, an Hochzeitstagen. Ich hätte es nie geglaubt. Der Likör war einfach zu gut. Es war unheimlich. Als die Gäste weg waren, mußte er sofort mit mir ins Bett gehen. Ich schäme mich. So etwas sagt man nicht seinem halbwüchsigen Sohn, erst recht nicht in so einer Situation. Wir sind anständige Leute. Als er auf mir lag, hab' ich mich unheimlich reingekrallt. Ihm ist fast die Luft weggeblieben, mir drehte sich alles im Kopf, aber er war nicht mehr doppelt, ich auch nicht. Mir wurde klar, daß er . . . Mein Gott, was ist hier los, ich bin doch nicht beim Beichten . . . Unkeusche Gedanken, unkeusche Handlungen. Ich wollte doch bloß wieder zusammengenagelt werden. Er hat es geschafft, deshalb liebe ich ihn. Mein Sohn, das verstehst du noch gar nicht. *Pause:* Steh nicht da wie dein eigener Großvater!

KARL Wie wer? Opa? Welchen meinst du? Deinen Alten? Der kaum noch gehen kann?

MUTTER Du sollst Vater und Mutter ehren.

KARL Was hat das mit Opa zu tun?

MUTTER Ich hab' ihn einfach plötzlich vor mir stehen sehen, da, wo du grade gestanden hast, mit dem gleichen Gefühl, wenn ich etwas Schlechtes getan oder gedacht habe. Er hat mich oft nach den schlechten Dingen gefragt, die ich denke. Manchmal mußte ich was erfinden, damit er zufrieden war.

GROSSVATER *Aussehend wie der Sohn, taucht als Vision*

der Mutter auf, die ihn hinter Karl sieht.
Die Welt ist schlecht. Es gibt keinen Anstand mehr. Was hast du eben gedacht, meine süße kleine Tochter?

KARL Mensch, das ist ein Ton, der dir überall reinfährt und nirgendwo haltmacht. Das kitzelt ja bis ins Knie.

GROSSVATER Nun, mein Junge? Du kommst jetzt in die schwierigen Jahre, die man Pubertät nennt. Wie kommst du zurecht? Man muß versuchen, sauber zu bleiben. Es ist ein ewiger Kampf. Ein lohnender Kampf . . .

KARL Mami, sag ihm, er soll verschwinden! Das ist ja unerträglich! Ein klebriger Kerl.

MUTTER Ich glaube nicht, daß er mir gehorcht. Du gehorchst mir ja auch nicht. Wieso seid ihr euch so ähnlich?

GROSSVATER Ich kann euch nur warnen, die Welt ist voller Pack. Die Leute sind verdorben, sobald du unter die Oberfläche schaust. Wir waren immer anständige Leute. Du hättest diesen Mistkerl nie heiraten dürfen! Es ist ganz gut, daß du es ihm gezeigt hast, Karl. Da ist nichts Gutes in die Familie gekommen. Meine Frau hat das nie so recht wahrhaben wollen. Mit ihrer Menschenkenntnis ist es nicht weit her. Ich habe sie nur ganz selten verprügeln müssen. Aber als sie deinen Heinz auch noch gut fand, ist es mit mir durchgegangen, damals. Sie hat mir das nie verziehen. Eine Frau soll niemals zu ihrem Mann sagen, er spinnt, nur weil er die Schlechtigkeit der Leute spürt, instinktiv. Keine Widerrede! Wie er so daliegt, ist das Beweis genug. Er hat sich immer gut getarnt.

VATER *Auf dem Boden, schaltet sich wie von weit her ein.* Du Mistkerl. Wenn ich gewußt hätte, daß ich dich mitheirate!

GROSSVATER Habt ihr's gehört? Der würde auch noch

stänkern und hetzen, wenn er tot wäre. Aber er rührt sich noch. Alle meine Nachforschungen über ihn haben nichts Positives ergeben. Ich wußte, er würde dich verderben.

MUTTER Mann, Heinz, Mann, du bist doch mein Mann. Steh endlich auf. *Erlebt Großvater wie ein Drohgespenst.*

GROSSVATER Schrei nicht so laut! Du denkst, dein Heinz sei ein Held. Karl wird ihn zur Strecke bringen, das riecht man. Hier in eurer Küche.

KARL *Betroffen von der Wucht des Alten, sucht Halt, setzt sich.*
Der spielt hier mit, als wär' es heute. Sag bloß, du warst hier ständig dabei, im Schrank oder auf dem Dachboden? Keiner wollte es wissen . . . Fünfhundert Kilometer glaubt man dich weg, alter Mann, und plötzlich bist du da, eine Erinnerung, aber handfest . . . Du bist der Feind meines Vaters, und also mein Freund! Hättest du wohl gerne! Du bist genauso mein Feind. Ein entsetzlicher Verbündeter. Ich will in diesem Krieg nicht gewinnen. Auf keiner Seite . . . Aber jetzt weiß ich, daß Krieg herrscht, die ganzen Jahre . . .

MUTTER Ich verbitte mir, daß du so redest! Ich hab' ihn nicht hergeholt! Ich hab' ihn einfach dort stehen sehen, wo du gestanden hast. Oder willst du ihn mir in die Schuhe schieben?

KARL Ich glaube, Papa hat ihn ausgeschwitzt. So kräftig war mein Schlag nicht, daß er hätte liegenbleiben müssen. Den hat Opa mit zur Strecke gebracht. Das weißt du genausogut wie ich, wenn auch erst seit ein paar Minuten. Eine Lösung wäre übrigens, daß ich ihm eine klebe, so daß er neben Papa zu liegen käme. Wer zuerst wieder aufsteht, hat gewonnen. In meinem

Kopf dreht sich alles. Mach doch mal das Fenster auf. *Pause. Opa verschwindet.* Wir könnten jetzt übrigens frühstücken. Petra kommt grade aus dem Bad. Laßt uns doch frühstücken. Sonst denkt einer noch, wir spinnen.

Vater steht auf, Petra kommt, gedrückt.

Alle helfen geschäftig mit beim Decken des Frühstückstisches. Die Atmosphäre hat etwas von Vergessenmachenwollen.

MUTTER Ein schöner Tag. Sind die Eier richtig? Heinz, heute geb' ich dir mal 'ne Apfelsine mit.

VATER Was gibt's zum Mittagessen? Eigentlich ist doch Spargelzeit.

MUTTER Gut, wenn ihr Spargel wollt.

PETRA Ich glaube, ich komme rechtzeitig aus der Schule zurück, um die Sauce Hollandaise zu rühren. Jeder soll nehmen dürfen, soviel er will. Einverstanden?

KARL Stark! Papa, reichst du mir mal die Butter?

VATER Gerne, mein Sohn. Du bist so höflich, richtig zuvorkommend. Sonst stehst du lieber auf und grabschst sie dir. Das macht einen wieder richtig ansprechbar.

MUTTER Ein komisches Wort! Das hab' ich schon mal gehört heute, aber der Zusammenhang ist mir entfallen. Was ist denn mit dir, Petra? Schreibt ihr eine Mathematikarbeit? Hast du dich auch gut vorbereitet in den Nachhilfestunden? Es wäre so schade, wenn du das Abitur nicht schaffen würdest. Und jetzt geht es erst auf die mittlere Reife zu. Du brauchst nur zu sagen, wenn du mehr Nachhilfestunden brauchst. Papa ist inzwischen auch einverstanden. Nicht wahr? *drängend bestimmt bis unerbittlich*

VATER Na klar gönn ich dir die Nachhilfestunden. Nur

weiß ich nicht, ob man sowas erzwingen soll, das Abitur, und ob du das überhaupt selbst willst. Vielleicht redest du nicht mehr mit uns, wenn's soweit ist.

MUTTER *beschwichtigend:* Aber Heinz, wie kannst du sowas von Petra denken? Wir werden so stolz auf dich sein. Wenn du's geschafft hast, gehen wir zusammen ins vornehmste Café zum Feiern.

KARL Ich hätte gern noch etwas Toast. Wir sind eine richtige Familie, bei einem richtigen Frühstück, mit richtig guter Laune. Wir gehören zusammen. Das merkt man gleich. Alles ist so vertraut. Mama macht sich Sorgen wegen Petras Nachhilfestunden und Papis Vitaminen, ich denke an die Schule und ans Schullandheim, Papi denkt an seinen Betrieb, und ob das Geld reicht. Ich bin eigentlich zufrieden. Es könnte alles schlimmer sein. Das Gefühl, das ich im Kopf habe, ist merkwürdig flach, sagen wir: wie diese dünne Scheibe Brot.

VATER *versucht, leichthin zu scherzen:* Ich verkneife mir jetzt zu sagen: das kommt von deinem Flachkopf, das flache Gefühl. Ich will dich nicht kränken. Du bist auch kein Flachkopf, eher ein Schrägkopf.

KARL Was soll das heißen? *steht auf*

MUTTER Karl, laß dich doch nicht ärgern, er meint es doch gar nicht so.

KARL . . . Gegen stinknormale Leute ist einfach nicht anzukommen.

VATER Es macht mir nichts, wenn ich vor Normalität stinke. Das ist ein guter Mief. Der Mensch muß Ordnung halten, mein Sohn. Ich weiß nicht, ob du das je wirst können.

MUTTER Du kannst dir ganz schön ein Beispiel nehmen an deinem Vater!

KARL Die Meckerei der Lehrer über meine Hefte hat

nachgelassen. Das ist doch ein Erfolg. Es wird schon noch gut enden mit mir. *Einlenkend*

MUTTER Karl, werd nur nicht *zu* brav, das ist auch nicht gut. Was habt ihr euch doch neulich für einen tollen Streich ausgedacht? Ach Heinz, hättest du das auch gekonnt, als du so jung warst? Ich glaube, du warst eher vorsichtig, *leicht verächtlich:* Das meine ich ohne Kritik. Ich hab' dich ja geheiratet, weil du so ruhig und ordentlich bist. Aber deshalb braucht Karl nicht auch so zu werden. Das wäre ja langweilig. Es können nicht alle so wie du sein, so . . . zurückhaltend!

VATER Übrigens könnte ich mich gehaltlich sehr verbessern in der Firma. Aber wir müßten umziehen, und ich wäre viel unterwegs. Es wäre ein ganz neues Leben.

Pause.

PETRA Prima, Papi, ich möchte schon lange weg von hier! Du verdienst mehr, wir mieten uns ein Haus. Ich kann endlich Freunde einladen. Ich bin ganz begeistert . . .

MUTTER Wir ziehen nicht weg! Denk doch an die Umstellung. Umziehen, Haus suchen, eure Schule! Und wer weiß, ob Papa den Belastungen gewachsen ist. Was mache ich, wenn er nur jeden zweiten Tag nach Hause kommt. Das bringt alles so viel Unordnung. Vielleicht wirst du Ärztin, Petra, oder findest einen reichen Mann. Dann kannst du ein Haus haben, so groß wie du willst. Ich glaube, wenn man mich verpflanzt, zum Beispiel hier aus dieser Küche, dann gehe ich ein. Das werdet ihr doch nicht wollen.

KARL Natürlich wollen wir das nicht. Wir wollen, daß du aufblühst.

MUTTER Was meinst du denn damit? *leicht pikiert:* Bin ich euch nicht gut genug? Ich bin nicht so eine Verwöhnte, mit schönen Kleidern, Theater, Oper. Das könnt ihr mit mir nicht machen.

VATER Also, Schwamm drüber! Ich weiß wirklich nicht, ob mir das Reisen gut täte. Aber immerhin, es hätte ein bißchen Bewegung gegeben. So wird halt der Baumann Horst die Stelle kriegen. Ich stand immerhin an erster Stelle. Schade!

MUTTER Es reicht doch, wenn du weißt, du bist tüchtig, und wenn du wolltest, könntest du aufsteigen. Du willst eben nicht. Basta. Das müssen die doch respektieren. Es ist eine wichtige Entscheidung, für die Familie, für die Geborgenheit. Das findet seinen Lohn in sich selber. Die Größe liegt im Verzicht.

KARL Irgend etwas stimmt nicht an deiner Predigt. Um so weniger, je überzeugender sie tönt.

MUTTER Ich glaube nicht, daß du das beurteilen kannst! Papi und ich kennen uns jetzt zweiundzwanzig Jahre. Wir waren ein schönes Paar. Wir haben herrliche Ausflüge und auch ein paar Reisen gemacht. Ich hab' immer gesagt: ich will es ruhig haben. Papi hat sich da sehr gut eingefügt. Nicht wahr? Er hat etwas in sich, eine Unruhe, aber er weiß, daß das krankhaft ist. Vielleicht ist es das, was Opa gefürchtet hat. Aber er hat ihm bewiesen, daß er mich nicht verdirbt. Opa konnte man es nie recht machen. Ich glaube, er ist noch heute wütend, daß seine Prophezeiungen nicht eingetroffen sind. Nicht wahr, Heinz! Wir beide haben zusammengestanden. Es war nicht immer leicht. Ihr solltet ein ruhiges Nest haben, und das habt ihr gekriegt. In meinen Garten kann jeder gucken. Ich brauche nichts zu verbergen. Ich schlafe ruhig. Wirre Träume hat jeder mal. Wenn's stärker wird, nehm' ich Tabletten. Bei Heinz helfen schon ein paar Flaschen Bier. Man kann nicht alles haben im Leben. Petra wird die Familienfahne hochhalten. Und du, Karl, aus dir wird überhaupt niemand schlau. Manchmal fürchte ich, du bist ein Versager. Du verkriechst dich in dir selber. Ein Halbstarker! *Pause.* Selbst wenn du Opa ähnlich siehst: an den kommst du nie ran . . . Was red' ich eigentlich? Wir sind am frühstücken, plaudern, fassen wichtige Beschlüsse und denken über unsere Zukunft nach. Keiner sagt was über mein Quittengelee. Das letzte Glas. Ich wußte doch, heute ist ein besonderer Tag, und da hab ich's aus dem Schrank genommen, instinktiv. Gute Marmelade ist heute fast unbezahlbar, nicht wahr, Heinz? Dieses Jahr mach' ich mit meiner Sigrid wieder ein paar Einkochwochenenden. Nur damit ihr's wißt, weil ich da ja kaum ansprechbar bin. Vorräte sind etwas Schönes! Wenn ich einkoche, fühle ich mich wieder wie zu Hause . . .

Familie abgedunkelt, Großmutter und Mutter beim Einkochen.

MUTTER Der Abschlußball der Tanzstunde geht bis vier Uhr morgens. Ich könnte bei meiner Freundin übernachten, weil ich ja nicht mehr nach Hause komme.

GROSSMUTTER Das wird Papa nie erlauben. Er will dich sicher und wohlbehalten wieder hier wissen. Er kennt die Welt. Tanzstundenfreundschaften verwehen, aber Porzellan ist schnell zerschlagen. Küßt ihr euch eigentlich schon auf dem Nachhauseweg? *einschmeichelnd, fast auffordernd-lockend:* Ich verbiete dir, daß du dich küssen läßt. Papa kennt die Männer. Er war im Krieg. Ich bin Gott ewig dankbar, daß er so anständig ist. Er respektiert mich. Als er um mich geworben hat, das vergesse ich nie, hat er von seiner Mutter gesprochen, und daß ein anständiger junger Mann immer daran denkt, daß in jeder Frau seine Mutter stecken könnte, und mit der entsprechenden Achtung soll er sie behandeln. Das hat ihn fast schüchtern gemacht. Aber Respekt ist auch was Schönes. Ich warne dich vor allen Männern, die keinen Respekt vor dir haben. Deshalb sage ich dir, laß dich nicht küssen, sie mißverstehen es alle. Er wollte immer wissen, ob ich wirklich rein bin. Auch im Herzen. Irgendwie glaubt er an das Böse in den Frauen, und muß immer beruhigt werden.

MUTTER Mama, warum sollst du denn böse sein?

GROSSMUTTER Das mußt du nicht so wörtlich verstehen, sondern symbolisch. Was zwischen Mann und Frau passiert, darüber kann man ja ganze Bibliotheken füllen. Aber Papa meint, darüber sollen Frauen nicht nachdenken. Sie sollen ihre Phantasie in Ordnung halten. Denn mit der Phantasie beginnt die Untreue und das Chaos. Er ist fast so eine Art Beichtvater für mich. Ich fühle mich ganz schuldig, wenn ich mal von sowas träume.

MUTTER Es ist schön, mit dir in der Küche zu sitzen und zuzuhören.

Beleuchtung bringt Frühstücksszene zurück.

PETRA *schmiert sich immer langsamer ein Brötchen und hört auf Vaters leichtes Schmatzen und Räuspern, dann wirft sie ihr Brötchen in die Ecke und springt auf:* Ich kann nicht mehr, das ist einfach unerträglich. Hier erstickt man, ich kriege keine Luft . . .

VATER Sag bloß, jetzt drehst du auch noch durch! Zwanzig Jahre haben wir in Ruhe und Frieden gelebt, und jetzt ist alle Viertelstunde etwas los. Was kannst du denn plötzlich nicht mehr ertragen? Tanzt dir auch die Küche vor den Augen?

PETRA Nein, dein gottverdammtes Schmatzen! Entschuldige, Papa, ich will dich ja nicht verletzen, aber ich halte es nicht mehr aus. Ich fang' an, dich zu verachten, das ist das Schlimmste . . .

KARL Okay, ihr Lieben, ich mach' jetzt den Abflug, ich muß in die Schule . . .

MUTTER Und ich geh' ins Bad. Das ist ja überhaupt kein Frieden hier. Ein so schönes Frühstück. Vergiß deine Orange nicht, Heinz . . . *beide, aber nacheinander, ab*

PETRA Ich weiß nicht, warum es mich so verrückt macht, ich könnte dich ins Gesicht schlagen vor Enttäuschung. Du kommst mir vor wie ein Tier im Zoo, ein halbzahmes, dressiertes, ein Haustier, das man lieben möchte und bewundern, und du sitzt da und schmatzt und läßt dir von Mami ausreden, daß du aus deinem Beruf etwas machst, damit wir hier nicht ersticken in diesem Sumpf. Hau doch mal auf den Tisch! Sag doch: ich brauche das, weiterzukommen, ich will auch mal reisen, ich will Verantwortung, ich will ein Haus mieten können und nicht diese enge Wohnung, wo man sich auf die Füße tritt, wo man niemanden einladen kann. Du bist eine Karikatur von Vater, hörst du, eine Karikatur! Ich hasse dich, du angepaßter Esel, du Pantoffelheld, du verkaufst ja deine Seele für ein bißchen Frieden und Ruhe. Ich kann dir doch nicht dankbar sein dafür, daß ich hier ersticke. Ach . . . Papa, ich hab' gewartet und gewartet, ich weiß nicht einmal, worauf. Daß ich irgend etwas bei dir finde, was mir dieses Gefühl von Ersticken wegnimmt . . . ich will dich nicht verletzen . . . *fängt an zu schluchzen*

VATER *schreit sie an, aber unsicher:* Hör auf! *erschrickt:* . . . komm, setz dich her zu mir, komm auf meinen Schoß ... du weißt nicht, wie allein ich bin ...

PETRA *mit gesteigertem Haß:* Soll ich dich jetzt noch bemitleiden? Ich will nicht zusehen, wie du vergammelst. Wo steckt denn deine Kraft? Ich habe dich irrsinnig bewundert, ich will dich noch immer bewundern, aber da blitzt man ja ab bei dir! Was ist denn so schlimm, wenn man dich bewundert? Ich tu dir doch nichts. Du kannst ja nicht einmal vertragen, wenn man dich mag ... *ist erschrocken und erschöpft*

VATER *schweigt. Es ist ein Raum entstanden durch den unerwarteten Ausbruch, in den hinein er sprechen kann. Aber zuerst kommt noch einmal das trostsuchende Locken.* Wenn du mich magst, komm auf meinen Schoß. Ich weiß nicht, ob Mama mich noch liebt ... Ich fühle mich so wertlos ... Manchmal sitze ich am Tisch und schaue drein wie immer. Ihr merkt vielleicht gar nichts, aber ich könnte abhauen, so schäme ich mich. Zwischen uns allen sind Kräfte, die ich nicht fassen kann. Sie sind stärker als wir. Ich möchte Mama zärtlich anfassen, aber sie würde vielleicht sagen: ›Geht's dir nicht gut, Händchenhalten beim Frühstück?‹

PETRA Das spürt man. Aber wenn du zu mir kommst zum Händchenhalten, ist alles aus. Ich zittere manchmal, wenn ich spüre, wie du vor Sehnsucht fast platzt. Aber du kuschst. Nichts ist schlimmer, als dich so elend und gleichzeitig lächerlich zu sehen. *Pause:* Ich will nicht, daß Mamis Ehrgeiz mein einziger Halt wird. Ich hab' es so satt, daß sie mir dauernd mit Abitur in den Ohren liegt. Ich weiß nicht, ob ich es selber überhaupt will ...

VATER Was soll ich denn tun?

PETRA Laß dich meinetwegen scheiden! ... *schlägt sich*

die Hände vor den Kopf, erschrocken

VATER *zuckt zusammen, sinkt auf den Stuhl:* Bist du verrückt geworden?

PETRA Nein, ich bin nicht verrückt, ich bin erschrocken, ich hab' sowas bisher nicht einmal gedacht. Vielleicht würde noch was aus dir. Du hast ja nicht einmal mitgekriegt, daß ich älter werde! Du hältst eisern fest am Immergleichen. Ihr seid unbeweglich, und plötzlich riecht es nach Angst. Hier ist ja seit Jahren kein freies Wort gefallen. Ich wollte brav sein, einfühlsam, Harmonie! Aber ich laufe leer dabei. Ich bin ganz leer.

VATER Es tut mir leid, Petra, ich bin schon verspätet, laß uns ein andermal weiterreden. Aber friedlich. Ich könnte auch alles kleinschlagen. Aber ich werde einfach starr am Familientisch ... Tschüs, bis später ... *ab*

PETRA *will abtragen, bemerkt plötzlich die Scherben, weint einen Moment, blickt in den Spiegel, befremdet, auch verächtlich. Wischt sich die Tränen, kämmt sich.* Ich weiß nicht, ob ich jemals hübsch werde. Ich will auch nicht hübsch sein. Für wen denn! Ich will, daß ihr mich nicht belügt. Aber ihr wißt die Wahrheit selber nicht. Sie wissen gar nichts. Sie klammern sich nur fest an etwas.

PETRA *Es taucht eine Verdoppelung auf, eine zweite Petra. Petra 2 ist der Teil der inneren Rebellion, des Ausbruchs.*

PETRA 2 Armes Kind *stehend, Petra 1 sitzend*, du sitzt ganz schön in der Falle. Wenn du friedlich bleibst, erstickst du wirklich ...

PETRA 1 Laß mich in Ruhe, ich will nichts von dir wissen. Was hast du in dieser Küche zu suchen? Ich glaube nicht an Gespenster. Verschwinde ...

PETRA 2 Petra-Kind, du hast mich lang genug versteckt,

in dir und vor den anderen. Ich habe keine Lust mehr, im Verborgenen zu verkümmern. Wie geht es dir?

PETRA 1 Frag nicht so dämlich. Du schaust mir doch schon lange zu. Vielleicht weißt du besser, wie es mir geht. Ich möchte mich anlehnen, Ruhe haben! Und für die andern ruhig sein!

PETRA 2 Du hast Pech gehabt. Es wird in dieser Küche keine Ruhe mehr geben. Dir platzt doch ohnehin der Kragen, du kannst es ja schon nicht mehr kontrollieren. Du fängst an, Unheil anzurichten, im blödesten Moment.

PETRA 1 Ich hab' keine Lust, dich nach dem richtigen Moment zu fragen. Ich will kein Unheil anrichten. Wenn ich nicht mehr mitspiele, gibt das hier eine Riesenpleite. Du siehst doch: Papa taumelt, ohne daß man es ihm ansieht, an einem Abgrund entlang. Mit Bier hält er mühsam das Gleichgewicht. Mama sitzt wie ein Deckel über ihrem eigenen Abgrund.

PETRA 2 Und du willst das alles im Gleichgewicht halten?

PETRA 1 Ich habe nie darüber nachgedacht. Ich dachte, das Ganze trägt *mich*, ich stehe auf sicherem Boden. Es war doch ruhig. Ein bißchen muffig, aber ein guter Zusammenhalt.

PETRA 2 Ihr habt euch gut in Schach gehalten, bis jetzt. Alle sind müde, merkst du das nicht? Ihr backt aus Angst zusammen. Hast du nie daran gedacht auszusteigen?

PETRA 1 Aussteigen? In einer Wohngemeinschaft verschwinden, mal hier, mal dort schlafen, Hasch rauchen, mich von der Polizei suchen lassen? Um die Familie so zu blamieren? Ich spüre doch, daß sie mir trauen, etwas von mir erwarten. Das trägt mich.

PETRA 2 Und wo bleibst du dabei? Ein bißchen erstikken, ein bißchen heulen, ein bißchen schlecht träumen, ein bißchen Fadheit und ein bißchen Hoffnung auf Zuneigung? Ist es das? Wie heißt das Programm? Auf welches Ziel geht das zu? Hoffst du noch immer auf Papa? Der sitzt in einer Sackgasse, kuscht, und du sollst mithelfen, ihm zu zeigen, daß seine Welt in Ordnung ist. Weil er's auch für dich tut. Er will auch Ruhe in euerm Nest. Ist es denn noch warm, dein Nest?

PETRA 1 Das Nest ist das Lebenswerk der Eltern. Da werde ich nicht daran rühren. Und wenn Mami will, daß ich Abitur mache, ist das falsch? Sie werden's schon wissen.

PETRA 2 Richtig, sie will dein Bestes. Oder ist es ihr Bestes? Mit dir muß man ja reden wie ein Demagoge. Du lebst auf kargem Boden, darfst dich nicht heftig bewegen, damit der Flaum im Nest nicht verrutscht. Die arbeiten für euch, und du arbeitest oder kuschst für sie, und wofür: um in Anständigkeit zu ersticken! Prost. Wie fühlst du dich bei diesem Tausch?

PETRA 1 Die Eltern überlegen, ob sie Karl zur Erziehungsberatung bringen oder in ein Heim. Er wird ihnen unheimlich. Sie fürchten, er ist verrückt. Sie hätten gern, daß das ein Arzt einmal klar sagt. Der hat für die etwas, als sei der Holzbock im Gebälk. Außerdem macht sich Papa Sorgen wegen der politischen Lage. Da soll man kein unnötiges Risiko eingehen. Ich weiß nicht, was Konjunktur ist, aber die soll schlecht sein. Deshalb will er auf seinem Platz bleiben. Und Mama fürchtet jede Veränderung. Sie würde sich nicht an etwas Neues gewöhnen.

PETRA 2 Ich weiß, ich weiß. Dann hat die Konjunktur auch Macht über dich. Du spürst, daß Papa eingeschüchtert ist, daß alles sich duckt. Und du duckst dich auch.

PETRA 1 Ich will hier nichts zum Einsturz bringen. Ich spüre doch seine Angst. Soll *ich* ihm sagen, daß sein Lebensplan nicht ganz stimmt? Daß er sich wegen mir nicht zu ducken braucht? Wenn ich seine Angst spüre, weiß ich, daß ich in seiner Nähe bin. Wir reden nichts, fast nichts, und trotzdem kann ich ihn trösten. Ich lasse ihn spüren, daß es sinnvoll ist, durchzuhalten. Ich will ihn auch belohnen für sein Durchhalten.

PETRA 2 Und was machst du mit deiner Wut, deiner Verachtung, der Enttäuschung? Du möchtest ihm doch ins Gesicht spucken. An jemand, der so viel Angst hat, wie willst du dich da anlehnen? Du bist ein braves Mädchen, aber du machst ein schlechtes Geschäft. Mit dem Bravsein ist es wie mit einer unbekannten Währung. Du bezahlst und weißt nicht, wieviel du rauskriegst. Ich will dich nicht aufhetzen. Oder doch? Du weißt zuviel von den Alten. Ich will nicht, daß du alles hinwirfst. Dafür bist du auch wirklich noch zu klein. Aber du mußt nicht denken, daß Fügsamkeit sich auszahlt. *Schweigen*

PETRA 1 Aber nehmen wir einmal an, daß Karl wirklich krank ist. Er ist manchmal völlig abwesend, apathisch, und heute früh hat er Papa zusammengeschlagen.

PETRA 2 Wär's dir denn auch recht, wenn sie ihn in eine Klinik bringen, oder ein Heim? Du bist die brave Tochter, die, für alle sichtbar, gedeiht. Redest du denn wenigstens mit ihm?

PETRA 1 Nein, ich fürchte mich vor seinen Ansichten. Soll ich mich mit ihm verbünden? Das wäre die größte Gemeinheit. Manchmal habe ich Angst, er will alles in die Luft sprengen. Wenn er wirklich krank ist, werde ich zu ihm halten, und zu den Eltern.

PETRA 2 Verschließ doch nicht die Augen. Du weißt,

daß er verzweifelt ist. Mich wundert, daß er noch nicht fixt. Ist Solidarität denn schlecht?

PETRA 1 Mir wird schwindlig. Du denkst eiskalt und voller Haß. Er hat keinen Boden unter den Füßen. Ich will nicht, daß er mich mitzieht, oder uns alle. Sobald er tobt, drängt es mich auf die andere Seite, egal um welchen Preis. Er kann mich steuern! Er drängt mich in die brave Welt, und was die Eltern wollen, ist dann wie ein Halt. *Sie nähert sich dem Sessel und wird sich hinkauern und einrollen wie ein kleines Kind.*

PETRA 2 Und wohin drängen dich die Eltern?

PETRA 1 Ach, wenn sie in die gleiche Richtung drängten oder sich einig wären! Manchmal fühle ich mich wie auf einem Schachbrett: ich soll mal dahin, mal dahin, und gleichzeitig absolut stillhalten, damit Karl nicht noch schneller ausflippt oder der Frieden in dieser Küche platzt. Laß mich doch in Ruhe, laß mir ein paar Monate Zeit.

PETRA 2 Nein, ich bin einfach da in dir, ich bin gewachsen, während du die Augen geschlossen hieltest.

PETRA 1 Du kannst sowieso nichts tun gegen meine Trägheit. Ich werde nicht Partei ergreifen. Ich will auch nicht gewinnen, mit welcher Seite auch immer. Lieber ersticke ich, als zu paktieren. Hörst du? Laß mich jetzt in Ruhe. Ich bin erschöpft . . . Ich rede wie in einem Traum, in dem alles überhell und klar erscheint. Wenn der Nebel wieder kommt, wird alles undeutlich, aber man fühlt sich erlöst. Ich möchte dich umarmen . . . Ich fürchte, wir sind Feinde, mißtrauisch, erbittert. Du kommst mir erbarmungslos vor.

PETRA 2 Laß mich nicht alleine! Ich fühle mich auch leer. Ich habe keine Füße und Beine, keinen Bauch. *Sie hat sich entsprechend hingekauert.* Darf ich zu dir hinkriechen? Ohne deine Freundschaft bin ich nichts . . . *legt den Kopf erschöpft auf den Sessel, zu Petra 1, die ihr übers Haar streicht*

PETRA 1 Es müßte uns einer versöhnen. Wir sind einfach zusammengekrochen. Jetzt sind die Unterschiede weg. *Längere Stille.*

KARL *kommt zurück, er kann also nicht in die Schule gegangen sein, sondern ist umgekehrt, er wirkt wie in leichter Trance, als käme er etwas noch Unbekanntes suchen, sieht zunächst die Mädchen nicht oder beachtet sie nicht, stößt mit dem Fuß Tisch und Stühle an:* Ich will die Küche nicht euretwegen meiden müssen . . . *sieht die Mädchen:* Was macht ihr denn da? Petra? Ich sehe zwei Bilder, jedes Auge eines. Es schmerzt, wie sie auseinanderstehen. Ich schiele, wenn ich euch betrachte. Rückt zusammen oder weiter auseinander. So tun mir die Augen weh. Ich kann dich nicht mehr erkennen.

KARL *Da sie sich nicht rühren, geht er ganz nahe hin, kniet sich dazu.*

Ich hab' euch immer gesehen, ihr zwei Gesichter, aber abwechselnd, nie so deutlich beieinander. Es hing immer von meiner Stimmung ab, welches Auge ich offen hatte. Du ewig kleines Kind. Mit dir kann man weder spielen noch sprechen. Du bist dir selbst genug, kugelrund, zum Spielen für die Eltern, zum Vorzeigen, die Herzenspetra, Schnuckilein, kleine Maus, lauter Kosenamen für ein Kosemenschlein. Ein Maskottchen bist du *bitterböse*, sonst nichts, triefend vor Harmlosigkeit und billigem Sonnenschein. Ein echtes Sonderangebot an Idylle. Zum Erbrechen!

PETRA 2 Du Angeber, tu nicht so großspurig. Was kann sie dafür, daß du beim Schmusen mit Mami eine Gänsehaut kriegst, und sie nicht. Daß sie schnurrt, oder lange geschnurrt hat, auf Papis Knien, während du steif und starr geworden bist, als hätte man lauter Prothesen in der Hand.

KARL Mit dir spreche ich nicht. Das stört mich in meiner Einsamkeit. Meine eigene Fratze reicht mir. Paß auf, daß du nicht rauspurzelst aus der Idylle. Halte weiter Händchen mit den Eltern . . .

PETRA I Wirst du niemals mein großer Bruder sein? Immer jemand, der mir Angst macht, vor dir, vor mir selbst! Ist das die Strafe dafür, daß du viel zu weit draußen schwimmen mußt, höhnisch? Und doch schreist du um Hilfe. Wie hast du so schwimmen gelernt, in den hohen Wellen, und ohne Berührung mit dem Grund?

PETRA 2 Wirst du niemals mein kleiner Bruder sein, dem ich die Angst nehmen kann, wenn er hingefallen ist und blutet?

KARL Du könntest doch nicht ertragen, *wie* klein ich bin, zu klein zum Antworten, zum Spielen, stumm, nichts als ein paar hungrige Augen im Kopf. Schau, so:

KARL *Er schaut sie an wie ein forschender Säugling, der mühsam Orientierung sucht.*

Stundenlang könnte ich dich so anschauen. Du dürftest aber niemals zwei Gesichter haben. Ich wechsele sofort die Farbe, die Stimmung, verstehst du, die Stimmung verfärbt sich, je nachdem, was für ein Gesicht du machst oder die andern. Papis Abendgesicht ist anders als sein Morgengesicht. Ihr wißt nicht, daß ich auf euren Gesichtern das Wetter ablese, ob ich friere, mich verliere, erstarre oder plötzlich die Sonne spüre. Aber meistens sind eure Gesichter eh verstellt. Da kannst du forschen, so lange du willst. Sie zeigen immer etwas Falsches an. Die Augen reden anders als der Mund, und die Stirnfalten anders als das Lächeln.

Wer hat dann recht, die Stirnfalten oder das Lächeln, das Mißtrauen im Blick oder angedeutete Küßchen auf Mamis Mund? Der Riß geht quer durch mich durch. Aber für euch versuche ich, der Halbstarke zu bleiben, den ihr gewohnt seid. Vor dem Fernseher entspannt sich das alles. Als wäre es vom Arzt verschrieben. Für alle. Oft habt ihr fliehende Augen. Keiner hält stand. Was schaut ihr weg, wie ertappt? Bei was ertappe ich euch? Ich bin nur weit weg, nicht feindlich. Der Haß kommt erst in die Augen, wenn ihr zurückschreckt, und der Mund wird dünn. Spürt ihr das nicht?

PETRA I Doch. Es ist unheimlich. Es ist schlimm. Man genügt dir nicht. Du fährst zu weit hinein mit deinen Augen, du durchbrichst innere Wände. Alles verkrampft sich, um an seinem Platz zu bleiben.

KARL Werft mir wenigstens ein Seil zu in solchen Momenten.

PETRA I Mensch Karl, wir gehen selbst ohne Seil. Dein Blick wirkt irr, starr, unmenschlich. So lange kann keiner angestarrt bleiben, ohne zurückzuweichen. Du prüfst zu tief. Mein Lächeln ist verbraucht, längst bevor du zurücklächelst. Du läßt es abbrennen, ohne daß es dich wärmt.

KARL Ich will euch nur erkennen. Ihr seid Irrlichter. Ihr zwei werdet mir jetzt vertrauter. Aber es bleibt schlimm, daß ihr zu zweit seid. Eine Person, zu zweit, manchmal zu mehreren. Ich brauche etwas Eindeutiges ... ist die Schlange im Bad?

PETRA I Sie ist keine Schlange!

KARL Du hast recht. Mama ist genauso gut eine Giraffe oder ein Schwein, das gerade beim Säugen ein Ferkel erdrückt. Ich verbrauche so viel Kraft, um das auseinanderzuhalten. Und der Hasefant?

BEIDE PETRAS *lachend:* Was ist denn das?

KARL Warum lacht ihr, wenn ihr es nicht versteht?

PETRA I Man ahnt es irgendwie. Aber zum Lachen ist deine Stimme. Die malt es aus. Ein komisches Ungeheuer. Hase und Elefant. Meinst du Papi?

KARL Ja. Der Maus-Schakal. Das Tigerlamm, der Bärenmolch, der Ochsenfrosch, und so weiter. Ich liebkose ihn schon lange mit solchen Namen, still für mich, aber er merkt es nicht, der Dickhäuter. Meinst du, bei dem ist noch was lebendig, innen? Du rennst dir an ihm das Hirn ein wie an einem riesigen Schneckenhaus. Du merkst gar nicht, daß die Schnecke schon ausgezogen ist. Liebkosen ist nicht ganz richtig. Ich donnere an die Wände, und er scheint sie immer mehr zu verriegeln.
Können wir zärtlich miteinander sein?

PETRA I Nein, Karl! Das hat Papa heute auch schon versucht. Es ist mir unheimlich, wie schnell ihr einem an die Haut kriechen könnt, und ein bißchen darunter. Schwupp, seid ihr über die Grenze. Es hat doch mit Zärtlichkeit nichts zu tun, was ihr wollt. Ihr wollt an die Haut kriechen wie zum Trost. Das kann es nicht sein. Aber Trost brauche ich auch, und also auch jemanden an die Haut. Ich spüre nur die Grenzen besser als ihr, anscheinend.

KARL Ich mach' dir einen Vorschlag. Du läßt mich nur den Kopf in deinen Schoß legen, eine Weile, und legst die Hand auf mein Haar. Vielleicht hört dann das Dröhnen im Kopf auf.

PETRA I Und wohin lege ich meinen Kopf? Sobald ich mich Mamis Körper nähere, redet sie vom Abitur. Das ist es dann hauptsächlich, was durch die Haut dringt, und durch die Ohren. Ich fühle mich von ihr gestreichelt wie ein Rennpferd, das man auf die Bahn führt.

KARL Also, versuch du es zuerst bei mir. Es kann aber sein, daß ich zittere. Wirst du dann erschrecken?

PETRA 1 Ich finde die Zärtlichkeit deiner Worte schon umwerfend. Wann hast du je gefragt, wie etwas, was du tust, auf mich wirken könnte? Dieser Satz ist fast eine Umarmung. Ich habe schon weniger Angst vor dir.

Er setzt sich auf den Boden, gegen den Sessel gelehnt, Petra 1 legt sich auf den Boden, den Kopf in seinem Schoß. Petra 2 ist verschwunden. Er streicht sehr vorsichtig über ihr Haar.

KARL So, wie du da liegst, bist du kein Feind mehr für mich. Du stiehlst mir nicht mehr alles, du nimmst sogar etwas an von mir.

PETRA Ich kenne dich besser als Vati, und trotzdem verachte ich dich nicht.

KARL Meinst du denn, je mehr man jemand kennt, desto mehr verachtet man ihn?

PETRA Nein, es ist komplizierter. Ich glaube, den, der sich zu erkennen gibt, verachtet man nie. Eher den, der sich versteckt, oder nur einen Teil zeigt, und dadurch etwas verspricht . . . was rede ich, ich rede von Papa. Er ist eine Fassade geworden, und ganz weit hinten ahnst du ein kleines verriegeltes Hinterzimmer.

KARL Dann kennst du das auch: Verachtung?

PETRA Ständig, neben der Wut, und der Traurigkeit. Und mein Beruf ist: alles zu unterdrücken. Daneben noch ein bißchen Schularbeiten, dann bin ich völlig erschöpft.

KARL Komisch, wie wir nebeneinander gelebt haben. Wie zwei Tiere von verschiedenen Kontinenten in einem Käfig zusammengesperrt. Ich dachte: nur keine Schwäche zeigen. Lieber verrückt werden. Ich fühle mich nicht mehr so allein. Ich würde dir gerne mehr erzählen.

PETRA *Beide lachen einverständig, weil sie spüren, wie fremd sie nebeneinander gelebt haben.*
Also fang an . . . zum ersten Mal in meinem Leben kann ich jemandem ruhig in die Augen schauen.
Die Türe öffnet sich, die Mutter kommt angezogen herein, ganz ›normal‹.

MUTTER *Sie reagiert auf mehreren Ebenen. Einerseits platt, prüde, entsetzt; dann neidisch; dann staunend, daß es soviel Zärtlichkeit und vertraute Nähe gibt.*
Was macht ihr denn da? Seid ihr verrückt? Ihr gehört in die Schule! Habt ihr eine Stunde freibekommen? Es sind doch keine Ferien. Euch geht's wohl zu gut.

KARL Wir sind nicht verrückt. Red nicht so viel, das spült einen ja fast aus der Küche.

MUTTER Laß deine rotzigen Bemerkungen, du Lümmel. Was macht ihr hier?

PETRA Ich war heute nicht in der Schule. Wir haben uns selber freigegeben, verstehst du?

MUTTER Nein! So etwas will ich nicht verstehen. So etwas ist Revolution: wenn die Leute sich selber freigeben und alle, die sonst befehlen, auslachen. Darum darf es auch nie eine Revolution geben bei uns.

KARL Aber Mama! Wir plaudern ein bißchen und freunden uns an. Außerdem bist du nicht *nur* böse, das seh ich dir doch an. *Schweigen, innere Veränderung.*

MUTTER Und wo lege *ich* meinen Kopf hin? Ich hab' meinen Kopf nie in Heinz' Schoß gelegt, sowas machen kleine Kinder. Ich würde mich schämen. Vielleicht! Aber er hat es auch nie gesagt oder mich einfach hingezogen. Das ist ja wie in einem Bilderbuch, wie ihr da liegt. Das hätte es bei uns zu Hause nie gegeben . . . ich wundere mich, daß ich nicht mit einem

Eimer kaltem Wasser dazwischengehe . . . ihr seid anders . . . ihr liegt da wie junge Hunde. Als wäre nichts Schlechtes dabei . . . Schaut ihr euch unanständig in die Augen? . . . was denke ich für Sachen . . . Nein, ihr habt nicht den geilen Blick. Das ist gut. Nichts gegen Geilheit, wenn sie abends oder nachts kommt wie ein Anfall. Danach ist es wieder gut. Man vögelt, um wieder normal zu sein. Aber dann fällt man auseinander, wenn der Atem wieder ruhiger geht. Man ist wieder getrennt und braucht sich nicht anzuschauen . . . sagt bloß, ihr beiden könnt mehr als ich . . . ich möcht' es auch können . . .

PETRA *sucht sich einen Platz in der Weise, daß sie sich neben Karl setzt und jetzt die Mutter einlädt, ihr den Kopf in den Schoß zu legen. Bevor diese es tut, zögert sie, schaut unwillkürlich in den Spiegel, ordnet ihr Haar wie für einen Tanzstundentraum, will sich hinlegen. Petra hält Karls Hand, legt die andere auf Mutters Haar. Längeres Schweigen.*
Tut es weh, so zu liegen?

MUTTER Du brauchst mich nicht zu verspotten! Oder meinst du den Schmerz, der hochkommt. *Sie wischt sich Tränen ab, dann kichert sie.* Jetzt sehe ich eure Gesichter auf dem Kopf . . . Karl, was hast du für eine hohe Stirn, und ganz ruhige Augen, . . . quatsche ich euch zu viel? . . . du hast schönes Haar, Petra, ich weiß nicht, warum ich dich immer zum Frisör schikken will, daß er es dir abschneidet . . . die Küche sieht ganz anders aus, hier von der Erde aus . . . seit ich in die Schule kam, durfte ich nicht mehr auf dem Boden spielen. Bist du deshalb immer unter den Tisch gekrochen, Karl, weil es hier unten anders aussieht?

KARL Ja, dann brauchte ich euch nicht zu sehen. Ich sah eure Beine, das Gespräch war nur noch Geräusch. Ich konnte riechen, daß ihr lebt.

MUTTER Manchmal hätte ich dich gerne besucht unter dem Tisch. Immer wurde mir vorgehalten als Kind: wenn du groß bist. Und dann war es so öde, groß zu sein. Ich ruh' mich jetzt aus vom Groß-Sein . . .

Man sieht nur kleine, vorsichtige, tastend-zärtliche Gesten. Dann hört man die Wohnungstür gehen. Alle erschrecken, am stärksten die Mutter, die aufspringen will. Petra hält sie fest. Sie ordnet wieder unbeholfen ihr Haar und bleibt dann eher trotzig und herausfordernd liegen.

MUTTER Paßt auf, Kinder! Jetzt kommt er herein und wird fragen, ob wir verrückt geworden sind.

KARL Genau wie du vorhin. Oder hast du's schon vergessen?

MUTTER Nein, aber ich schäme mich.

VATER *Die Tür geht auf, auch er erlebt auf verschiedenen Ebenen, zuerst einfach Wut, als hätte er Faulenzer erwischt, die sich hinter seinem Rücken aalen, dann Eifersucht, Neid und Trauer.*
Seid ihr verrückt geworden! Am hellichten Tag wie die jungen Katzen euch herumzukugeln! Antwort! . . . Das ist der Gipfel! Ihr findet das wohl nicht einmal komisch . . . Habt ihr getrunken? Seid ihr krank?

KARL Papa, wer wird denn gleich in die Luft gehen! Rauch eine Zigarette. Wir schauen dir ganz ruhig zu, welche Nummer du jetzt abziehst . . .

VATER Halt deinen Rand!

MUTTER Karl, bring ihn nicht noch mehr auf. Er steht an einem blöden Punkt grade, das kenn' ich noch von vorhin . . .

VATER Der Bengel soll den frechen Rand halten . . .

MUTTER Heinz, du kannst uns weder aufscheuchen noch

schämen wir uns. Wut hilft also gar nichts, selbst wenn du platzt. Du wirst uns hoffentlich nicht schlagen. Vorhin, in deiner Lage, dachte ich an einen Eimer Wasser . . .

VATER Was soll der Quatsch? Was heißt: vorhin, in deiner Lage? . . . Hast du mir je so den Kopf in den Schoß gelegt? Oder ich ihn dir? Hinter meinem Rücken! Und ich bin draußen! Der Idiot, der arbeitet! Wenn ich Petra sage, sie soll sich auf meinen Schoß setzen, ziert sie sich, und wie . . . Alles Zärtliche sieht bei euch sofort sexuell aus . . .

MUTTER Mein lieber Heinz, da geht's uns ziemlich ähnlich. Übrigens, habt ihr schon Feierabend gemacht?

VATER Ich hab' einen Spaziergang gemacht im Park und einen Kaffee getrunken in der Sonne. Ich hatte keine Lust heute, einfach mitzuspielen. Sachbearbeiter Krause bleibt unentschuldigt von der Arbeit fern! Na ja, selten genug passiert. Aber irgendwie hab' ich ja den richtigen Tag erwischt. Oder liegt ihr hier öfter so? Dann mach' ich noch ein paar Überstunden mehr und kauf' euch eine Hollywood-Schaukel oder eine Liegelandschaft. Dann braucht ihr gar nicht mehr aufzustehen. *bitter:* . . . Abends um sechs könnte ich mich, falls ihr mich brauchen könnt, dazulegen. *Setzt sich resigniert an den Tisch und schaut die drei an.* Wißt ihr, was ich werde, wenn ich euch liegen sehe? Wütend bin ich nicht mehr, mehr eifersüchtig, und traurig, unendlich traurig! Keine Angst, ich will nicht mehr in den Kindergarten. *Petra hatte eine einladende Geste gemacht.*

MUTTER Dann setz dich wenigstens zu uns, in den Sessel. Es ist zuviel Luft zwischen dir und uns, sehr dünne Luft, spürst du das nicht?

VATER *zögert, er fühlt sich angezogen, verführt, macht*

dagegen eine starre, männliche Körperhaltung, geht aber doch zum Sessel, nimmt, wie zum Halt, die Zeitung mit, installiert sich umständlich im Sessel, Beine zwischen Petra und Karl, die jeweils links und rechts lehnen.
Ich komm' mir vor wie im Theater.

MUTTER Richtig, du thronst da oben wie der König. Komm, König, gib mir die Hand, ich bin gerade das Aschenputtel, nein, Dornröschen, jedenfalls eine Prinzessin, müde geworden. Aber die Müdigkeit fühlt sich nicht mehr unendlich an. Es ist, als ob die hundert Jahre bald vorbei wären. Und wie geht's dir, König?

VATER Eine gute Aussicht, wie auf einem Pferd. Aber etwas einsam. Ich bin der einzige, der den Kopf über dem Tisch hat. Ich bin ja auch schon groß, ernähre eine Familie . . . Es ist schön, aber ich habe Angst, wir vergammeln . . . das Sozialamt bringt uns Essen, zuletzt haben wir auch keine Lust mehr zu essen, und eines Tages finden sie uns, als Mumiengruppe . . . ganz schön makaber, oder als Versteinerungen . . . warum reden wir noch. Mir ist auch nicht nach Bier. Das liegt nicht nur an der Tageszeit. Durch meine Hände dringt etwas, das ist wie . . . entschuldigt, es geht mir durch den ganzen Körper . . . Ich könnte ein paar Tage so sitzen bleiben . . . Mit uns stimmt etwas nicht. Das ist ja wie auf alten Bildern . . . im Museum . . . als ob wir wirklich zusammengehörten, ich meine: innerlich, und nicht nur aus Gewohnheit . . . Ich habe noch nie so friedlich mit euch gesessen. Was mich wie Alkohol durchdringt, ist das Gefühl, daß ich euch liebe. Ich bin gleichzeitig blind vor Haß, daß meine Zuneigung für euch so fruchtlos war. Ich war da und gleichzeitig weit weg . . . etwas macht mir Angst! Als hättet ihr mir eine Falle gestellt *zunehmend wü-*

tend, steht auf: ich hab' euch vorhin schon gefragt: genießt ihr das schon lange, dieses vertraute Zusammensein? . . . denkt nicht, daß ich jetzt einfach miteinsteigen kann, dafür kommt zuviel Wut und Enttäuschung in mir hoch . . . Wenn du meinst . . . Karl, nur du kannst Tassen zerklirren lassen, dann hast du dich geirrt . . . *Er schmeißt Geschirr vom Tisch; bei den anderen gelähmtes Entsetzen; die Mutter steht langsam auf, die Geschwister halten sich gegenseitig.*

MUTTER Du krummbeiniger Lahmarsch! Du Schlappschwanz! Willst du uns jetzt diese Stimmung auch kaputtmachen mit deiner Stänkerei. Du bist doch gar kein Mann, du bist ein kleiner Angestellter, der sich treten läßt . . . *Du* mußt von Enttäuschung reden! . . . das Leben mit dir ist die pure Langeweile . . .

VATER *zwischen Wut und Entsetzen:* Ich bin ein kleiner Angestellter geblieben, weil *du* es wolltest, . . . weil *du* keine Veränderung ertragen konntest . . . weil du deinen Eltern etwas beweisen wolltest . . . weil du einen Anständigkeitstick hast. Ich habe mein Fortkommen dir geopfert, du Putzteufel, der an den Lippen der Nachbarn hängt, was die nur sagen und denken könnten . . .

MUTTER Du hast dich von mir einschüchtern lassen! Meinst du, ich bewundere einen Mann, der sich von meinen Stimmungen terrorisieren läßt; der, wenn ich die Putzwut kriege, mir ein doppeltes Sortiment von Ajax und Pril einkauft? Du hättest mein Anführer sein müssen, und nicht mein Diener, der es seiner Frau gefällig machen will. Ich wußte doch gar nicht, was ich will im Leben. Ich hab' geglaubt, du seist so brav, um meinen Vater zu beruhigen oder zu gewinnen. Er hat immer behauptet, du tarnst dich, hinter dir steckt noch mehr, und ich habe gefürchtet und gehofft, er hat recht. Und dann habe ich aufgehört zu hoffen. Natürlich hatte ich auch Angst. Ich war doch vollgepumpt mit dem Verdacht, was Männer für wüste Kerle seien. Aber wenn sie keine sind, ich meine, wenn sie beweisen wollen, daß sie brav sind, das ist ja noch viel schlimmer als alles, was meine Mutter je befürchtet hat. Und weil ich dachte: der kann nicht anders, der ist tatsächlich so brav, wie er tut, hab' ich auf Gartenzwerge umgeschaltet. Gartenzwerge brauchen nicht zu reden. Du hast mir das Reden ja nicht beibringen können. Wenn wir geredet hätten, hätten wir vielleicht erkannt, wie wir uns an der Nase herumführen. Das Schlimmste ist, daß meine Eltern stärker geblieben sind als du. Du hast klein beigegeben. Ich will dir nicht alles davon in die Schuhe schieben. Ich weiß erst jetzt, daß ich gehofft habe, du würdest mich . . . herausholen . . . und nicht: denen beweisen, daß du ihren Maßstäben genügen kannst . . .

Als ich die beiden heute früh hier liegen sah, hab' ich sie mit den Augen meiner Eltern gesehen, es war scheußlich, mir fiel nichts Eigenes ein, ich wußte nur: in ihren Augen wäre das der Ruin, der Untergang. Und dann waren sie so ruhig und sicher, daß es wie eine Brücke war, die ich betreten konnte. Es war die *erste freie Minute* in meinem Leben, und wir drei waren tatsächlich gegen dich verschworen, aber keine ganze Minute lang. Wir haben dir nämlich, wie bei einer Wette, zugeschaut, welche Platte du auflegen würdest. Heinz, es ging dir ja wie mir, du hast die Platte auch wieder abstellen können nach ein paar Minuten; die Brücke hat auch dich getragen. Aber ich sehe ein, wir können uns nicht einfach auf den Boden legen. Da kommt zuviel hoch, ich weiß ja gar nicht wohin mit meiner Erbitterung . . .

VATER Du bist eine hundsgemeine Drecksau, eine verlogene Hure!

MUTTER Danke gleichfalls, du devotes Arschloch. Aber ich will dich nicht unterbrechen, wenn du schon mal die Stimme hebst . . .

VATER Du hast mit keiner Geste erkennen lassen, was du von mir wolltest. Du hast angegeben mit mir, meiner Anständigkeit und Zuverlässigkeit, zu Hause und bei deinen Freundinnen. Du bist mit unserer Idylle hausieren gegangen. Du hast geschwärmt davon, daß du einen braven Mann hast und keine Angst haben brauchst . . . Wir sind mit langweiligen Leuten ausgegangen, haben Skat gespielt und uns an öden Witzen erfreut. Aber es schien dir zu gefallen . . . Du hast meine Gespräche mit den Kindern überwacht . . . Du hast mich vom Boden aufgescheucht, wenn ich mit ihnen toben wollte . . .

MUTTER Und warum hast du, statt dir alberne Witze anzuhören, nie auf einem Spaziergang, unter Gottes freiem Himmel, auf einer Wiese, mit mir geschlafen? He? Das machen anständige Kinder nicht? Warum hast du mich nicht einfach mitgenommen, auf eine Reise, auf ein Abenteuer?

VATER Ich bin kein Held, aber ich bin auch nicht der Duckmäuser, zu dem ich mich von dir habe machen lassen. Was hast du denn gefürchtet? Ich habe nie gewußt, warum ich auch den Kindern nicht in die Augen schauen kann. Was für eine Komödie, die wir vor deinen Eltern aufgeführt haben . . . *erst tobend, dann Weinen:*
Vielleicht ist es nicht zu spät . . . *zu den Kindern gewandt:* Es kommt darauf an, ob ihr uns aufgegeben habt, ob ihr mich aufgegeben habt. Meint ihr, es ist schön, eine Fassade zu wahren, und zu merken, es

bröckelt, es bröckelt, aber du kannst nichts machen. Du spürst, wie die Risse an den Wänden hochwandern, du bist gelähmt, du denkst: wenn du eine Schwäche zeigst, geht es noch viel schneller. Und deine Kraft nimmt ab, es kommt nichts hinzu, du lebst in Deckung und Angst und bist nur noch starr, weil du denkst, das verlängert das Leben ...

MUTTER Weißt du was? Ich hätte dich gern als Liebhaber, nicht als biederen Ehemann. Ich hasse dich, weil ich dir nicht davongelaufen bin. Aber ich hatte Angst vor meiner Unzufriedenheit, Angst vor allem, vor dem mich meine Eltern gewarnt haben. Ich habe kein Recht, dir Vorwürfe zu machen. Aber ich will sie dir machen. Weil ich auf Befreiung gehofft habe ...

VATER Ich habe dir nie gesagt, daß ich kein eigenes Ziel hatte. Nur nicht so sein wie die Eltern. Es ist idiotisch, wie wir uns hier auf unsere Eltern herausreden! Das könnten die beiden Kinder in ein paar Jahren ja genauso tun. Vielleicht sind sie schon dabei. Nein, sie kämpfen noch, so gut sie können. Mein Vater war ein Geschäftemacher, ein Gauner und Weiberheld. Ich habe das Geflenne meiner Mutter eingeflößt gekriegt. Ich habe voller Angst auf alle Anzeichen geachtet, die mich in seine Richtung drängen könnten. Du hast mir geholfen, das zu vermeiden, ich war dir dankbar und habe nur dumpf gespürt, daß das aber auch alles ist, was wir zusammen hinkriegen, nichts Eigenes.

PETRA Wenn ich euch so reden höre, möchte ich schreien: hört doch auf, ihr reißt ja alles um. Und dann merke ich: ich kann freier atmen als je in eurer Nähe. Ich habe Angst und atme trotzdem durch ...

KARL Für mich sind das längst keine Riesen mehr! Nur vergeht mir die Lust, euch zu verachten. Wenn ihr die respektfordernden Gartenzwerge nicht seid, die ihr gespielt habt, kann man ja weitersehen, was noch in euch drinsteckt. Mensch, Alter, nimm den neuen Job an, riskier das Reisen, wir schauen inzwischen, daß Mami nicht ausflippt. Die Putzmittel kann ja *ich* ihr kaufen . . . Schreit ruhig weiter! In mir wird es ruhiger. Ich schau gern Gewittern zu. Was ihr da bietet, ist das eindrucksvollste seit langem, nach einer lebenslänglich öden, dunstigen Schönwetterzeit . . .

MUTTER Ich schäme mich vor euch, wegen diesem Krach, und diesen Ausdrücken.

KARL Schäm dich lieber wegen deiner Bravheit, darüber, daß du eine Marionette warst, eine Bilderbuchmama ohne Kern. *Ihr* seid gut! Hast du immer noch den kleinen Mann im Ohr, der dir sagt, was anständig ist und was nicht. War es euch so gleichgültig, ob ihr mir imponiert oder nicht? Wie ist das denn, wenn man verachtet wird: wenn ich euch zeige, daß ich es überhaupt nicht lohnend finde, eure Vorstellungen ernst zu nehmen...

VATER Ich kann es dir sagen, aber erst jetzt. Es kriecht vom Magen her hoch, es kriecht dir in den Schlaf, in die Träume. Ich konnte dich nur noch ausblenden. Bald hätte ich zugestimmt, dich in ein Heim zu stekken. Mich hätte es nicht mehr gewundert, wenn du untergetaucht wärst, als Terrorist. Das hätte ich dir zugetraut, und die Verrücktheit, die Gleichgültigkeit gegenüber unserer Ordnung. Du hast mich gezwungen, immer mehr auf die andere Seite zu rücken. Ich habe immer besser verstanden, wenn die Leute nach der Polizei schreien bei Hausbesetzungen. Ich hatte Angst, wann ich dran bin. Mit was, weiß ich nicht. Mich auf der Abschußliste gefühlt und mich entsprechend bewaffnet . . .

Die Tiefe der Feindschaft wird spürbar, knisternd-lastend.

MUTTER *gerät sichtbar in einen Angstzustand.* Heinz! Die Küche. Schaut euch doch um! Haltet die Wände fest. Die Wände gehen auseinander. Bindet die Möbel an. Karl, Petra! Geht nicht weg. Schiebt die Wände näher zu mir. *Alle sind aufgesprungen.* . . . Was steht ihr so da . . . schließt die Tür zu. Es wird alles hinauswehen. . . Stopft alle Ritzen zu . . . Der Dreck kommt herein. Seht ihr nicht, wie alles faul wird. . . Petra, komm mit mir unter die Decke . . . Nein, du nicht, du bist ein Teil von mir. Heinz, reiß mir die Kleider vom Leib . . . Wann vergewaltigst du mich endlich . . . nagle mich wieder zusammen . . . Wenn du eine hübsche Frau wirst, Petra, bring ich dich um . . . Mach endlich Abitur . . . Kommt her, ihr seid alle meine lieben Kleinen, macht einen Kreis um mich . . . ihr könnt mich sowieso nicht ertragen. *Petra versucht, den Arm um sie zu legen, sie stößt sie aber zunächst einmal zurück.* Faßt mich nicht an . . . Haltet die Küche fest, haltet *mich* endlich fest . . . Der Großvater soll kommen und endlich Ordnung machen . . . Er weiß, wo der Dreck sitzt . . . Ihr habt mich betrogen, alle, ihr laßt mich allein mit dem Dreck. Ich sage euch, Karl wird verrückt werden . . .

KARL Mama, ich bin hier und fühle mich gesünder als je . . .

MUTTER Haltet ihn fest. Bringt ihn weg. Du hast schon als kleines Kind so komisch geschaut . . . Du warst ein kleiner Teufel, der nicht trinken wollte. . . Ich hab' immer gewußt, du wirst es an den Tag bringen . . . Wenn die Küche einstürzt, muß ich auf die Straße . . . Warum schlagt ihr mich nicht, schlagt mich doch . . . Es ist lauter Dreck in meinem Kopf . . . Großpapa hat es immer gewußt. Karl ist auch Dreck, er wird gegen mich sprechen . . . Wißt *ihr*, ob meine Mutter meine Mutter ist, oder mein Vater mein Vater? Warum hat er sie bewacht wie ein Tier, das wieder wild werden könnte? War er nicht sicher, ob ich von ihm bin? Es war ein Feind in der Familie, aber keiner hat ihn benannt. Wir haben immer mit einem Feind gelebt, uns immer geduckt . . . Es war ein Geheimnis . . . Ich weiß nicht, warum sie zusammengeblieben sind . . . sie haben sich doch nicht gemocht . . . Uns hält wenigstens die Küche zusammen . . . Aber Karl muß in eine Anstalt, ein Arzt muß sagen, daß er krank ist, dann bekommt er Tabletten gegen das Böse und wird angebunden . . . Heinz, du Grobian, laß mich los, du Schuft, ich trete dich. Schwein. Gangster . . .

VATER *Zunächst entsetzt über die Abgründe in sich und der Familie, dann scheint ihm aber eine neue Kraft zuzuwachsen; er nähert sich ihr wie vor einem Kampf mit dem Drachen, hält inne, wie um zu prüfen, ob seine Kraft reicht. Dann hält er sie fest umschlossen, ihre Arme auf ihrem Rücken.*

Es ist ein Kampf, bei dem einige Stühle umfallen. Die Mutter sieht in ihm noch einmal alles Böse, Schmutzige, sie schreit wüste Beschimpfungen. Er hält sie unbeirrbar fest. Karl schiebt den Sessel zurecht und holt eine Fußbank und eine Decke. Petra tritt vorsichtig an den Vater heran und streichelt seinen Kopf, steht ihm bei. In einem Moment der Ruhe sagt sie sehr einfach-vertrauend:

PETRA Papa, bleib einfach stark. Ich hab' immer gewußt, du kannst es sein . . . Wenn du stark bist, brauch' ich nicht zu studieren, wenn ich nicht will . . .

MUTTER *wird allmählich ruhiger, sackt zusammen, weint, stammelt:* Heinz, du bist doch kein Gartenzwerg, du hast Kraft. Wenn du *mich* so hältst, braucht ihr die Küchenwände nicht mehr zu halten. Laß sie nur davonspazieren! Gute Reise. Du brauchst mich jetzt nicht mehr zu nageln, du hältst mich einfach fest. Ich will mich setzen. *Heinz führt zum Sessel, Karl deckt sie zu, Petra setzt sich neben sie und hält ihre Hand, streicht ihr über den Kopf. Vater setzt sich ermattet an den Tisch. Schweigen.*

KARL Von mir aus kannst du mein Vater bleiben. Oder werden. Wir kennen uns ja noch nicht. Aber aus dieser Küche sollten wir so bald wie möglich raus.

VATER Wir haben uns alle gegenseitig in Schach gehalten.

KARL Ich habe gehofft, du würdest dich auch mir gegenüber einmal so stark zeigen wie bei Mama. Ich wußte es nicht. Ich hatte Angst davor. Vielleicht, weil ich dachte, du oder ich, einer würde dabei kaputtgehen. Ich dachte, ihr würdet euch schlagen, bis einer blutig liegenbleibt. Schlagen, bis die Wahrheit heraus ist. Herausprügeln, was tief innen drin ist. Natürlich ist das kein Weg. In meiner Phantasie gab es aber keinen anderen . . . Sehr böse Worte müssen nicht tödlich sein . . . Weißt du, was mich befreit hat: daß Mama darauf gewartet hat, daß du laut wirst; daß du sie beschimpfst; daß du dich von einer gemeinen, ordinären Seite zeigst. Und daß du wirklich sehr sehr wütend bist. Die Verachtung ist stärker, wenn man nicht schreit. Manche Gedanken entdeckst du erst im Schreien. Aber ich will nicht, daß wir uns dauernd anschreien. Es kommt darauf an, im Schreien etwas Unbekanntes zu zeigen. Das Unheimliche ist, daß es einem selbst unbekannt ist. Vater, ich glaube, du kannst Großpapa besiegen. Ich bin stolz auf dich, wenn du auf seine Anerkennung pfeifen kannst.

VATER *meditierend:* Weißt du, du lebst in einer Familie, du ernährst sie, und doch hast du das Gefühl: du bist eigentlich ihr Feind, der Versager, der Tyrann, was du willst. Ich fand mich nicht mehr sympathisch, nicht einmal mehr erträglich. Und ich selbst habe mich gestraft gefühlt mit euch. Ich habe phantasiert: ich verschwinde einfach von hier. Eines Tages bin ich weg, spurlos! Vielleicht nach Südamerika. Es war ein Doppelleben. Ich hätte nie gedacht, daß Menschen, die man liebt, einem so zum Feind werden können. Ich habe getan, was meine Frau von mir wollte, zu wollen *schien*? Wieso soll ich als Ingenieur nicht glauben, was die Leute sagen? Sie hat gesagt, sie ist froh, daß ich so ein anständiger Ehemann und Vater bin. Und nichts davon ist wahr, wenn du das mal von einer ganz anderen Seite siehst. Dynamit wünschst du dir, viel Dynamit, und gleichzeitig findest du dich enorm lächerlich. Es gab gar keine Aussicht, darüber mit jemandem zu sprechen. Finde doch mal jemand, der in so eine Familie kommt und allen ruhig sagt: »Wißt ihr, leider spinnt ihr alle. Ich will mal versuchen, euch zu sagen, was für ein absurdes Spiel ihr probiert. Und euch ein bißchen helfen bei der Verständigung.« Wir hätten ihn auf der Schwelle hinausgeworfen. Mama hätte einen Schreikrampf bekommen! Und ihr? Na ja, euch traue ich inzwischen ja zu, daß einer gesagt hätte: »Bitte treten Sie näher, Sie haben völlig recht.« Aber wenn du es gesagt hättest, ohne vorher klarzumachen, daß du überhaupt noch etwas von mir wissen willst, ich hätte es einfach als gemeinen, hinterhältigen Angriff verstanden. Weißt du, ich habe das Kanalisationsnetz unserer Stadt genau im Kopf. Ich weiß, wo die Abwässer zusammenfließen und sich wieder teilen, wie die verschiedenen Systeme miteinander kommunizieren, wie eine Kläranlage funktioniert, sogar mehrere Typen. Und in der eigenen Familie klappt weder die Zufuhr von Frischwasser noch die Klärung der Abwässer. Du spürst, wie es stinkt und weiterstinkt, du spürst eine Katastrophe kommen. Wie hilflos man sich sich selbst gegenüber fühlen kann. Und denen gegenüber, die man liebt oder lieben möchte. Das Schlimmste ist ja, wenn du fühlst: bald wirst du es nicht mehr können, dann ist nur noch Gleichgültigkeit oder Haß da.

KARL Papa, es tut mir leid. Ich wußte nicht, was für ein Riese dir im Genick saß. Ich könnte dir übrigens helfen, ein neues Haus zu finden. Wir haben bald Ferien.

MUTTER *wacht, von Petra immer noch gehalten, langsam auf. Zerbrechlich:*
Ich möchte auch aus dieser Küche heraus. Wir werden eine Weile ohne Wände leben, bei stürmischem Wetter. Wir kennen uns kaum. Ich war schwach und kann's ertragen. Ich war nicht wirklich wahnsinnig. Ich habe euch noch gesehen und erkannt. Ich wußte, ich würde zu euch zurückfinden. Ich mußte etwas Dreckiges, Gemeines sagen. Vielleicht laufe ich noch ein paarmal über. Am Ton müßtet ihr spüren, daß ich auf euch zähle, daß ich mich an euch festhalte, daß ihr standhalten sollt, wenn ich euch Drecksäue, Schmutzfinken, Lüstlinge, Gangster nenne . . . Ihr Schweine, ihr geliebten Drecksäue, ich liebe euch, deshalb sage ich: ihr Säue, ihr Hurenböcke, ihr kastrierten Gartenzwerge. *Sie steht auf und strahlt.* Ich könnte euch in den Arsch treten vor Zuneigung. Haltet bloß stand. Ihr seid ja zu dritt. Ihr müßt meine Wände sein. Ihr dürft, ihr sollt stärker sein, auch wenn ich brülle wie ein bösartiges Kind. Heinz, deine Arme waren wunderbar. Kinder, ihr seid Zeugen, daß er gewonnen hat. Großpapa muß Alpträume kriegen heute nacht. Ich gönne sie ihm. Und du Heinz, du sollst wissen: wir sind zu dritt, wenn du Angst kriegst zu verwahrlosen.

Einer von uns wird dich immer finden in der Kneipe, in zwielichtiger Gesellschaft. Karl ist stark genug, dich auch aus einem Bordell herauszuholen. Wir werden nicht flennen, wenn du über die Stränge schlägst. Wir werden um dich kämpfen. Ich traue mich inzwischen auch, gegen *deine* Geschichte anzutreten.

KARL Ich werde Terror machen, wenn ihr wieder absauft, zu den lieben Zwergen. Und wenn es nichts hilft, werde ich wirklich Terrorist. Seht euch vor. Ich hatte euch abgeschrieben, mich übrigens auch.

PETRA Hauptsache, ich *muß* nicht Abitur machen. Meine Haare werde ich nicht abschneiden. Ich will eine Frau werden, auch wenn es euch nicht paßt. Auch wenn ich mich dazu von euch trennen muß! Papa wird lernen müssen, deinen Busen zu streicheln.

VATER Ich will schweigen und reden. Gleichzeitig! Dreht sich euch nicht der Kopf?

KARL Wir hauen einfach alle ab, und jeder schlägt sich allein durch . . . wie wär' das? Das Familienunternehmen wird liquidiert. Überall sind Konkurse und Bankrotte . . . Ihr Betrüger, ihr verdammten . . . Aber ich habe mitgemischt! Verdammt nochmal, ich zittere ja! Vorhin, als du am Boden lagst, war ich vollkommen cool, Papa, versteht ihr das, und jetzt zittere ich.

PETRA Komm, gib mir die Hand, aber halt mal den Mund. Halt die Fresse! Laßt uns doch einmal ein paar Minuten ruhig sein! Ich will nicht, daß wir versinken! Seid doch ruhig, dann verlieren wir uns nicht aus den Augen.

MUTTER Ihr sollt nicht von Untergang und Bankrott reden. Es gibt keinen Grund auseinanderzulaufen. Ich fange euch mit dem Lasso wieder ein oder lasse euch einsperren, verhaften . . . *irres, aber auch befreiendes*

Gelächter: . . . Ich lasse euch nicht! Wir machen eine neue Firma auf. Seid ihr denn verrückt, einfach alles hinzuschmeißen . . . Was glotzt ihr so fremd, glaubt ihr mir nicht. *Starke innere Schwankungen:* . . . Ich bin stolz auf euch, aber die Zeit der Gartenzwerge muß vorbei sein. *Wieder Gelächter:* Heinz, wir waren ja ein Sanatorium, ein trautes Heim für Leisetreter . . . Ich will endlich mal über die Stränge schlagen . . . Wir gehen mit den 5000 Mark auf Safari oder machen eine Weltreise und schicken Opa Postkarten, damit er denkt: die sind verrückt geworden . . .

KARL Papa, was ist eigentlich ein Konkursverwalter? Was tut der?

VATER Mir ist nicht nach Witzen, ich könnte brüllen . . . vor Angst . . . und vor . . . Liebe, und vor Wut . . . Wir wären ja fast verschimmelt zusammen . . . Aber, wißt ihr was, ich möchte allein sein jetzt . . .

MUTTER *Jetzt* willst du abhauen?

VATER Nicht abhauen! Ein paar Stunden allein sein. *Mutter erschrocken. Vater geht.*

PETRA Mami, mach nicht dieses Gesicht! Das geht nicht mehr, von heute ab, ich werde jedesmal schreien, wenn du so guckst: vorwurfsvoll, wie in Panik, anklagend. Du wirst doch nicht umgebracht! Papa will ein paar Stunden allein sein, das ist alles! Davon stirbst du doch nicht . . . Mit diesem Gesicht hast du uns in Schach gehalten. Wenn das dein Lasso ist, mit dem du mich wieder fangen willst: nie mehr, nie mehr *schreit*, davon habe ich genug . . . Ich mag dich doch, ich mag euch, ich hätte mein Leben gegeben, um uns zusammenzuhalten . . . Aber Mami, verzeih mir . . . nein, ich kann es nicht sagen . . . dieses Gesicht ist wie Gift . . . Ich kann doch meine Mutter nicht beleidigen ... ich *will* euch nicht hassen ... Aber Mami, ich hasse dein Gesicht, dieses Gesicht, wo man schuldig ist, wenn man nur daran denkt, daß man frei atmen möchte ...

MUTTER *fängt an zu weinen:* Ich will nicht allein sein jetzt, ich will, daß jemand bei mir bleibt ...

PETRA Ich bleib' ja bei dir, aber nicht in dieser Küche. Zieh dich um, dann gehen wir in die Stadt. Ich will nicht erst ins Café mit dir, wenn ich Abitur habe, ich will jetzt mit dir ins Café ... Komm, laß uns gehen ... und ihr ... Wenn ihr Glück habt, seht ihr uns heute Abend wieder ...

Vater ist schon gegangen. Mutter und Petra ab.

KARL *benommen. Dann schaut er sich um und kehrt die Scherben zusammen.* ... Mein gutes Täßchen, wer hätte das gedacht ... Irgendwie dachte ich, es ist das Ende ... *er sieht sich wieder im Spiegel:* Du siehst anders aus, *tritt dann wieder zurück und stößt sich an einem Stuhl:* verdammt ... *kommt noch einmal in Wut und haut den Stuhl mit großem Schwung kaputt:* ... Ihr habt ja noch gar keine Ahnung von meiner Wut ... *setzt sich erschöpft an den Tisch:* Und wir brauchen doch einen Konkursverwalter ... Wenn ich euch sage, was mir durch den Kopf geht, kippt ihr um ... und wenn ihr grade wieder aufgestanden seid, dann lass' ich einen neuen Brecher los, der euch in die Ecke fegt. Es müßte jemand da sein, der euch immer wieder rettet. Wirklich kaputtmachen will ich euch nicht. Nicht ganz kaputt. Wirklich! Aber aufjaulen vor Schmerz solltet ihr schon, ab und zu ... *ab*

Pause

Wenn der Vorhang aufgeht, herrscht Abenddämmerung. Karl liegt im Wohnzimmer auf der Couch bei der Stehlampe und liest Zeitung. Er kann sich aber nicht konzentrieren, die Erwartung der Ankunft der anderen macht ihn unruhig. Er wirft schließlich die Zeitung ins Zimmer.

KARL Eine verdammte Unruhe ist das! Ich möchte, die anderen wären da, und gleichzeitig wünsche ich sie zum Teufel . . . ich war ganz schön high heute mittag. Ob aus dieser Familie noch was wird? Es ist alles so verfahren. Einer macht sicher bald den ersten Rückzieher, dann rutscht alles wieder ab . . . Ich höre überall Geräusche und weiß doch, daß alles ruhig ist . . .

Man hört jetzt, daß die Wohnungstüre geht. Karl greift sich schnell die Zeitung und liest. Herein kommt der Vater, stutzt beim Anblick von Karl. Die beiden verhalten sich wie zwei Fremde, unsicher, wie der andere reagieren wird.

VATER N'Abend . . . bleib ruhig liegen. Sieht ganz gemütlich aus. *Karl machte Anstalten aufzustehen.*

KARL N'Abend Papa . . . Weißt du, wo die andern sind?

VATER Keine Ahnung. Ich dachte, du wüßtest es. Bist du schon lange da?

KARL Knappe Viertelstunde . . . hast du dich abgeregt?

VATER Was heißt hier abgeregt? Du redest wie der Doktor mit einem Kranken! Und du, bist du wieder bei Trost?

KARL *Du* redest, wie ich mir einen Irrenarzt vorstelle.

›Sind Sie raus aus Ihrem Wahn?‹ Ich war aber nicht im Wahn, ich war bei Trost, nur wahnsinnig wütend, aufgeregt. Du hast Glück gehabt, daß du dich nicht gewehrt hast. Sonst hätte ich ärger zugeschlagen. Ich hab' das Gefühl, es könnte gleich wieder etwas Saublödes losgehen . . . ich sehe rot, wenn du mich fragst, ob ich wieder bei Trost bin . . .

VATER Dann frag mich nicht, ob ich mich abgeregt habe. Ich weiß nicht, wie ich mit dir überhaupt reden soll. Wenn ich sage: Hol mir die Schlappen, oder hol eine Flasche Bier rein . . ., aber das geht nicht mehr . . . Was willst du eigentlich von mir? Soll ich das Feld räumen, nur weil ich dir nicht mehr passe?

KARL Papa, ich bin froh, daß du gekommen bist. Ich dachte, ich drehe durch und hab' mich an der Zeitung festgehalten. Mir war nicht einmal klar, ob ich hier liegenbleiben kann, wenn du kommst, oder ob das gleich wieder eine Provokation wäre.

VATER Mich provoziert alles an dir. Da kann doch was nicht stimmen. Es schwelt etwas. Zwei Tiere wie wir gehören vielleicht nicht in denselben Käfig. Man denkt, nur einer kann überleben . . . Da kommen die anderen. Die Frauen. Was machen wir jetzt, wir Männer? Sind wir verbündet, und die beiden auch? Das wird ja immer bunter . . . fall mir bloß nicht in den Rücken, falls es Krach gibt.

Mutter und Tochter kommen ganz aufgeräumt, mit unübersehbaren Einkaufstüten.

MUTTER Grüß' euch . . . was ist los? Wir haben es schön gehabt . . . Ihr seht nicht sehr friedlich aus. Liegt ihr euch schon wieder in den Haaren . . . ich sag's ja! Sobald ich nicht zwischen euch bin, passiert was . . .

PETRA Psssst, Mutti, zieh die Bremse! Rechtzeitig. Es war so schön heute nachmittag, und jetzt verändert sich deine Stimme. Ich kriege eine Gänsehaut. Heute ist Frieden, Ruhe . . .

KARL Es gibt keine Ruhe, ich bin längst auf hundertachtzig, und wenn du nach Frieden schreist, denke ich: jetzt erst recht nicht! Euch geht's wohl gut ohne uns!

MUTTER . . . Zwei Minuten bin ich hier, und alle Hoffnung ist weg. Petra . . . was haben wir uns nur eingebildet! Ich fang' gleich an zu schreien *sie setzt sich verängstigt* . . . laßt mich einen Moment noch verschnaufen, dann koch' ich euch was, und wir sitzen friedlich in der Küche zusammen . . .

KARL Ich kann es nicht mehr hören, friedlich, friedlich, ich will den Scheißfrieden nicht mehr, eher schlag ich alles klein . . . Wir haben sowieso schon einen Stuhl weniger . . . und die Tassen reichen auch nicht mehr für alle . . .

VATER Dann stimmt's wenigstens, daß wir nicht mehr alle Tassen im Schrank haben . . .

MUTTER *schreit:* Hör auf mit deinen blöden Witzen. Alle Hoffnung ist wieder weg. Aber trotzdem gehe ich jetzt kochen. *ab.*

VATER Mir ist schon wieder nach Verschwinden, nach Südamerika. Dort brauchen sie Bewässerungsspezialisten . . . *nimmt verzweifelt den Kopf zwischen die Hände. Es klingelt.*

KARL Was ist denn jetzt? Ein prima Augenblick für Gäste . . .

PETRA Einer muß aufmachen. Papa!

MUTTER *kommt aufgeregt aus der Küche.* Wer kann das denn sein? Macht keiner auf?

VATER Keiner muß aufmachen.

MUTTER Das habe ich noch nie gemacht, solange ich lebe: nicht aufgemacht, wenn es klingelt. *Es klingelt wieder.*

VATER Wir sind einfach nicht da.

PETRA Quatsch. Hier ist's doch laut wie in einer Wirtschaft.

VATER Trotzdem brauchen wir nicht da zu sein.

MUTTER Wie sieht das denn aus? Es brennt doch Licht. Vielleicht ist es der Gerichtsvollzieher oder die Polizei . . .

VATER Wenn man nur wüßte, wer es ist!

KARL Ist doch ganz egal. Einer muß ihm nur sagen, was hier los ist!

PETRA Bist du verrückt geworden!

KARL Ich meine, einer muß ihm sagen, daß es jetzt nicht geht.

MUTTER Ja, aber warum denn? *Es klingelt wieder.*

KARL Weil wir Krach haben.

MUTTER Wir haben keinen Krach. Jedenfalls nicht für Fremde.

VATER Wer sagt denn, daß es ein Fremder ist.

MUTTER Willst du an die Tür gehen und sagen: Sie können jetzt nicht kommen, weil wir am Ausflippen sind?

PETRA *lacht:* Mami, ausflippen klingt ganz schön komisch aus deinem Mund. Ich geh' jetzt an die Tür.

VATER Petra . . . *Sie ist schon weg, alle lauschen, aber das Gemurmel ist nicht zu verstehen, nur schließlich: Auf Wiedersehen. Vater und Mutter schweigen, betreten.*

KARL Wer war's?

PETRA Ist doch egal! Jetzt sind wir wieder unter uns. Das wolltet ihr doch.

VATER Kommt darauf an, wer's war.

KARL Man hätte ihn ja zu Rate ziehen können. Vielleicht war's ein Familienklempner . . .

MUTTER Ein was? . . . Reiß dich zusammen, über unsere Familie wird nicht gewitzelt!

KARL Das soll es doch geben: Leute, die kaputte Familien flicken, kirchliche, städtische, staatliche Beratungsstellen . . . glotzt nicht so blöd, lest ihr keine Illustrierten?

MUTTER Das würde dir so passen! Wir sind keine Familie, die einen Berater braucht. Ich müßte mich schämen . . .

VATER Was sollte so einer hier noch machen?

MUTTER Heinz! Du hast ja aufgegeben . . .

KARL Für solche Fälle sind die da: wo bei allen die Flügel hängen. Du mußt öfter mal in einem Wartezimmer sitzen, beim Zahnarzt. Schau auf die Briefkastenseite, da erzählt dir einer, was du falsch gemacht hast, und wie man wieder reden lernt.

VATER Das wär' das letzte. Lieber geh' ich nach Südamerika, oder wir lassen den Laden hier hochgehen. Aber wer war denn an der Tür? Das ist ja absurd, was wir hier zusammenquatschen . . . immerhin, aus dem Krach von vorhin sind wir raus . . .

KARL Keine Angst, der geht gleich wieder los . . .

MUTTER Karl, du Rotzlöffel. Dir scheint es auch noch Spaß zu machen.

KARL Das trifft zu.

VATER Wie redst du mit deiner Mutter!

KARL Hochdeutsch. Arschloch. Sorry. *Schweigen.* Ein bißchen traurig bin ich schon, daß wir jetzt keinen Besuch haben. Das Klingeln hat meine Phantasie angeregt. Vielleicht war's ein Lehrer von mir. Oder Papis Vorgesetzter. Mal nachsehen, wo der Kollege Sachbearbeiter bleibt.

PETRA Keine schlechte Nase, Karl. Der Chef war's nicht, aber ein Kollege von Papa. Wollte einfach mal vorbeischauen. Ganz freundlich. Papa sei heute nicht dagewesen und habe auch nicht angerufen. Nichts für ungut, und schöne Grüße . . .

VATER Und was hast du gesagt?

PETRA Es sei dir heute schlecht gewesen, aber immer nur so arg, daß du dachtest, du kämst doch noch.

MUTTER Und daß du ihn nicht reingelassen hast?

PETRA Papa ruft ihn später an. Wir hätten außerdem grad' eine Auseinandersetzung wegen einer Erbschaft. Das hat ihm eingeleuchtet, und er hat noch gratuliert.

VATER Petra, du bist ganz schön raffiniert.

MUTTER Das hast du nicht von mir!

VATER Von mir etwa?

MUTTER Nein, leider auch nicht! Sonst wärst du heute nicht mehr Sachbearbeiter . . .

VATER Statt nach Südamerika zu gehen, sollte ich dich öfter mal verprügeln. Du Drecksau! Ich bin brav und anständig, ich verzichte auf Posten, und du machst dich lustig.

MUTTER Fang' nicht wieder an, Heinz . . . Es stimmt doch beides. Ich bewundere dich und verachte dich. Zum Aussuchen. Änder's doch . . . nimm nicht so viel Rücksicht auf mich . . . red' dich nur nicht raus, du hättest wegen mir verzichtet, du Waschlappen . . . Kinder, ihr habt versprochen, mich festzuhalten, wenn ich wieder abhebe, Karl . . .

KARL Ja Mama, es riecht komisch, aus der Küche . . . bitte bleib auf dem Teppich. Ihr gefallt mir, wenn's bei euch auch endlich piept. Mir, mir wolltet ihr euren ganzen Sumpf in die Schuhe schieben . . . Die Sache mit dem Klingeln war richtig gut. Ich hab' gedacht: gut, draußen steht einer und will rein, aber er soll uns nicht stören, wir haben was auszuhandeln, ich polier' euch die Fresse, aber es soll uns keiner stören, das geht nur uns an . . .

VATER Wer hier wem die Fresse poliert, ist noch offen.

KARL Vergiß nicht deine Lektion von heute früh . . .

VATER Du hast mich überrumpelt, ich war nicht darauf gefaßt.

KARL Väterchen, du blickst nicht durch. Das mit der Fresse, das darfst du nicht so wörtlich nehmen, es geht nicht um körperliche Gewalt.

MUTTER Gott sei Dank, aber um was dann?

KARL Um Wörter, und um Sätze. Zum Beispiel: gute Nacht sagen, im richtigen Moment, mit der richtigen Betonung.

VATER Soll ich demnächst anfragen, ob ich dir gute Nacht sagen darf!

KARL Die Wörter und Sätze, die ich parat habe, die sind wuchtiger als die Kinnhaken, nach denen deine Visage schreit . . . Petra, halte unser Fräulein Mutter fest, sie will abheben, sie pumpt wie ein Maikäfer, obwohl es fast keine mehr gibt. Man sollte sich das Spektakel eigentlich nicht nehmen lassen . . . Du könntest auf meinem Arm landen, ich möchte euch alle auf den Arm nehmen, oder vielmehr ihr seid längst oben . . . Meint ihr, ich nähme euch noch ernst? Den Herrn Sachbearbeiter nebst Gemahlin . . .

MUTTER Heinz, kleb' ihm eine, los, ich will es . . .

VATER Das zieht doch jetzt alles nicht mehr. Elfriede, wir haben uns nicht mehr so einfach in der Hand . . . du flehst und drohst, und siehe da, es macht mir nichts, trotzdem mag ich dich. Es rührt mich, aber es ist nicht mehr so wie früher, wo man wußte, an welchen Knöpfen man drehte . . .

MUTTER Heinz, wenn du mein Mann sein willst . . .

PETRA Ruhig, Mami. Das will er vielleicht gar nicht mehr, so wie bisher, gell Papa.

VATER Misch dich nicht ein, du Fratz, was weißt du von

unserer Ehe. Es war schwer genug . . .

PETRA Redet doch, was ihr wollt. Ich kenne euch gar nicht . . .

MUTTER Du sollst Vater und Mutter ehren . . .

VATER Richtig! . . .

KARL Aber wenn die einem dermaßen auf den Wecker gehen . . .

VATER So redet man nicht mit seinen Eltern . . . das verbitte ich mir!

KARL Papa, du Anfänger! Weißt du denn, wie man mit seinen Kindern redet . . . *Schweigen.* Bitte sehr, du hast das Wort, Genosse Sachbearbeiter . . .

VATER Solange du die Füße unter meinen Tisch streckst . . .

MUTTER Heinz, sei doch nicht albern . . .

VATER Fall mir nicht in den Rücken!

PETRA Mami, laß deinen Mann doch ausreden. Er wollte etwas Grundsätzliches sagen.

VATER *nachdenklich, versonnen, erschrocken:* Wie mein Vater: solange du die Füße unter meinen . . .

KARL Tisch

PETRA streckst . . .

VATER Es kracht alles zusammen. Kein Wort, das ich sage, stimmt, nur Angst habe ich, und lachen möchte ich wie ein Pferd . . .

Allmählich hat sich jeder, befremdet, verwirrt, wütend, ratlos, in eine Ecke des Zimmers begeben.

Was wollt ihr von mir? Was hab' ich mit euch zu schaffen? Wer hat uns zusammengesperrt? Haut endlich ab!

PETRA Hättest du Lust, mein Vater zu sein?

VATER Lust schon, aber ob ich's kann . . .

MUTTER Keiner hat mich gefragt, ob ich euch will. Als hätte jemand einen üblen Scherz mit mir gemacht. Als ob ich zu lange im Kino gewesen wäre. Weil niemand Ende gesagt hat, bin ich dringeblieben. Und immer geglaubt: eine Familie zum Vorzeigen, Kuschelige Angorakarnickel.

KARL Wie löst man eine Familie auf? Ich meine, wenn alle sich getäuscht haben.

PETRA *versonnen, weit weg:* Ich habe mich nicht getäuscht. Ich meine mich und meine euch. Ich hab' nur gedacht, darauf kommt es gar nicht an, aber ich merke, das ist das einzige, worauf es ankommt. Selbst wenn du durchdrehst, Mami, sage ich dir: ich meine dich. Und die anderen. Ihr könnt jetzt für lange Zeit reden, was ihr wollt, schreien, säuseln, beschwichtigen. Ich werde kaum hinhören. Ich werde in eure Gesichter schauen und prüfen, ob ich euch erkenne. Und ob ihr mich erkennt.

VATER Ihr müßtet mich als eine Art Besuch betrachten, sagen wir: aus Südamerika. Der ein paar Jahre weg war. Der ein paar Monate Eingewöhnungszeit braucht.

MUTTER Wir sollten eine Art Wohngemeinschaft bilden. Ich will nicht mehr allein den Staub bekämpfen und die Küchenwände festhalten . . . Jeder braucht einen eigenen Raum ganz für sich . . . sonst spielen wir bald wieder Familie.

KARL Keiner sagt ungefragt ›gute Nacht‹.

PETRA Ich finde es interessant, euch kennenzulernen.

VATER Jeder braucht Schonzeiten.

MUTTER Sind wir denn einer Meinung, daß wir uns kennenlernen wollen? Ich bin nicht besonders neugierig auf mich selber . . . ihr habt mich immer ganz gut abgelenkt.

VATER Ich glaube nicht, daß du ein Drachen bist.

MUTTER Nein, aber brüchig, wie nicht ganz zusammengeleimt . . . Dreck muß Dreck bleiben. Das dürft ihr nicht auch noch auf den Kopf stellen . . . Wir sollten hier wegziehen . . . Ich denke zu oft an die Nachbarn. An dem Bild, das ich denen von uns eingebleut habe, könnte ich mir den Kopf einrennen.

PETRA Papa, ruf deinen Chef an, du nimmst die Stelle. Ich bin richtig gespannt.

KARL Stellt es euch nur nicht zu leicht vor . . . ich hab' den Bauch voller Drucktasten . . . da braucht nur einer zu drücken, schon geh' ich hoch . . . Und ihr habt doch auch eure Druckknöpfe . . . Wir haben die ganze Zeit nach Noten gespielt . . . und jetzt sollen wir improvisieren, wirklich hinhören? Das wird ein schönes Chaos. Und wenn ich sage: es könnte uns jemand helfen, dann tut ihr, als sei der Feind im Anmarsch . . . Daß ihr euch schämt, ist ja schon verrückt . . .

PETRA Wir könnten Zeichen vereinbaren: einer merkt es ja immer, wenn einer in die alte Rille kommt . . .

VATER Mir dämmert was, wenn du von Zeichen sprichst: zehnmal am Tage, tut mir leid, Karl, möchte ich dir einfach eine kleben . . . heute hab' ich's getan, und danach lief alles ganz seltsam. Wenn ich es unterdrükke, dann atme ich eine Weile ganz flach, verstelle meine Stimme, bis ich mich wieder unter Kontrolle hab', und dann bin ich wieder einen Zentimeter mehr einbetoniert . . . Der Frieden ist gewahrt, und die Mauer wächst.

MUTTER Willst du ihm jetzt öfter eine kleben?

VATER Das wär' nicht gut. Außerdem läge ich dann zu oft hier auf dem Boden herum. Aber ich sollte aufhören, flacher zu atmen . . . ich könnte ein Zeichen geben, daß ich mich ärgere, daß mir die Luft wegbleiben will . . .

KARL Wahrscheinlich sind das die Situationen, in denen ich dir den Vogel zeigen will, und es innerlich auch tue, schau, so: *zeigt ihn, genießerisch, variantenreich,* ach, tut das gut, ich bräuchte viel mehr Hände . . .

MUTTER Heinz, mach doch mal eine Ohrfeige, in die Luft, geh drohend auf Karl zu und knall ihm eine in die Visage, in die Luft!

VATER *holt pantomimisch aus, schlägt mehrmals, immer wuchtiger, ausholender, erleichtert, in die Luft.* Das tut gut . . . und, was mach' ich für ein Zeichen, wenn ich zu dir *Mutter* voller Erbitterung sagen will: du Drecksau?

MUTTER Bist du verrückt? Heinz! Ich lass' mich scheiden. In unsrer Familie . . . denkst du das wirklich?

PETRA *lacht:* Mami, Mami *macht Zeichen, daß eine Platte läuft.*

KARL *persifliert:* Wir sind eine anständige Familie, ich hab einen sehr braven Mann! Da braucht man keine Angst haben . . .

VATER Alte Drecksau . . .

MUTTER *drohend, flehend:* Heinz!

KARL Bitte, Heinz, denk an die Nachbarn!

VATER Ich komme mir vor wie im Kindergarten, der Mund quillt mir über vor gemeinen Wörtern, ich fürchte Prügel, aber ich kann sie nicht halten: du Drecksau, du Schlampe, du Kleinstadthure . . .

MUTTER *streckt ihm die Zunge heraus, wie ein kleines Mädchen, das das nie hat tun dürfen.*

PETRA *begeistert:* Das solltest du öfter machen. Steht dir gut!

MUTTER *erschrocken:* Sind wir wirklich so ordinär?

KARL Mach nicht in die Hosen, Mama. Die Müllabfuhr hat ein paar Jahre nicht funktioniert bei uns. Unser Papa kann Abwässer nur bei der Stadtverwaltung beseitigen. In der Familie denkt er, es genügt, wenn man sich die Nase zuhält.

PETRA Das Abitur, das ich machen soll, kommt mir vor wie ein Duftstoff gegen diesen Gestank ...

MUTTER Mach doch, was du willst, ich wollte nur dein Bestes ...

PETRA *macht das Plattenzeichen.*

MUTTER Du undankbares Gör. Dann mach' ich eben Abitur ... *Schweigen.*

VATER Bist du verrückt geworden. Eine Emanze. Ich höre schon die Witze der Kollegen ...

MUTTER Du Schlappschwanz. Die haben dich ja richtig in der Hand ...

VATER Genau wie dich die Nachbarn ... Wir müssen uns mal richtig aussprechen ...

KARL Wie das schon klingt, Aussprache, Offenheit, Mißverständnisse klären, Familienkonferenz! Wir kaufen einen runden Tisch und wählen einen Versammlungsleiter, hä hä hä! Pleite ist Pleite, meint ihr, ich lasse mir meine Verachtung abkaufen ...

PETRA *Plattenzeichen:* Du fühlst dich ganz wohl inzwischen mit deiner Verachtung ... ein Hosenscheißer bist du, der auf einen Baum gekrabbelt ist und jetzt meint, er sei ein bißchen größer ...

KARL Schwestern sind eine Strafe. In Arabien wurden die verkauft, gegen Schafe und Kamele ...

PETRA *stürzt auf ihn los, versucht ihn zu kratzen:* Du Mistkerl.

KARL *hält sie umklammert:* Aber wahrscheinlich wärst du unverkäuflich, du Ziege, da müßte man noch draufzahlen, um dich loszuwerden ... also behalten ... das Beste draus machen. *Läßt sie los.*

PETRA Wenn ich nur nach deinen Worten ginge, wäre es aus ... aber deine Stimme und dein Griff, irgendwas spricht da dagegen, dich einfach abzuschreiben . . . Ehrlich, ich besuche dich, falls du in die Klinik mußt, und bring' dir was zum Basteln mit. Immer öfter hört man, daß geschlossene Stationen wenig helfen, aber vielleicht bist du ein Sonderfall. Du mußt nur an den richtigen Arzt kommen . . . ich überlege, was ich für ein Zeichen machen soll, wenn ich denke: du gehörst auf die geschlossene Station . . . mit beiden Händen den Vogel zeigen, so . . .

MUTTER Wenn ihr euch gestritten habt, hab' ich es immer unterbunden. Ich wollte keine Kinder, die sich streiten. Ich dachte: sonst kommt es an den Tag, was mit mir nicht stimmt. Ich hab' eine unglaubliche Wut gekriegt, wenn ihr euch so angegiftet habt . . . und Angst.

VATER Seit einer Weile hab' ich euch nur mal zugeschaut und auf meine Druckknöpfe geachtet! Zeichen ausprobiert, Ohrfeigen und Schimpfwörter verteilt . . . ich müßte immer ein bißchen zurücktreten, nicht gleich nach Südamerika, aber so zwei, drei Meter . . . möglicherweise mag ich euch nämlich doch.

MUTTER Das ist doch deine Pflicht. Du bist doch mein Mann, kirchlich getraut, feierlich versprochen!

VATER Du spinnst. Darauf gibt's doch keine Garantie. Wenn wir Glück haben, ist noch was übrig . . .

Der Alptraum als eine Form der Gegenübertragung oder: Die Panik des Stückeschreibers und die Verwirrung des Analytikers in einer Gruppenpsychotherapie

Die Niederschrift des Stücks *Eine fast normale Familie* fällt zusammen mit einer sich über Monate hinziehenden Krise in einer Gruppentherapie, die mir erhebliches Kopfzerbrechen machte. Ich blieb stecken und fand keinen einleuchtenden Schluß, wollte niedergeschlagen aufgeben und mir eine komplette Niederlage bei dem Versuch, ein Theaterstück zu schreiben, eingestehen. Nach einigen Tagen voll bedrückender Versagensgefühle folgte ich einem Einfall und ließ, kurz bevor ich aufgab, den Autor im Stück auftreten: nach der ersten großen Familienkrise klingelte er in einem Moment extremer Ratlosigkeit an der Tür der Familie. Er wurde mit den von ihm selbst erfundenen Figuren nicht mehr fertig und geriet stellvertretend für sie in Panik.

Er zeigt sich der Familie in einem Moment tiefer eigener Beschämung. Der Grad der emotionalen Störung, die Wucht des aufgebrochenen Konflikts, schien sich keiner dramaturgischen Wahrscheinlichkeit mehr fügen zu wollen. Der Autor fühlte sich als Zauberlehrling, der schlimmere Geister auf die Bühne gerufen hat, als er verkraften kann. Merkwürdigerweise erwuchsen der Familie aus der Offenlegung seines Scheiterns nach einer Phase von Wut und Verwirrung neue Kräfte und Ein-

sichten, die später einen anderen Schluß des Stückes ermöglichten. Das Elend des Autors weckte Selbstheilungskräfte zwischen den zunächst heillos verstrickten Familienmitgliedern.
Vor der Wiedergabe der Szene, in der der verzweifelte Autor auftritt, sollen noch einige Bemerkungen über die wachsende Bedeutung der Gegenübertragung in der Psychoanalyse stehen. Denn der Umgang mit der Gegenübertragung, also den im Therapeuten während der analytischen Arbeit ausgelösten Gefühlen, ist der Gegenstand der folgenden Überlegungen zur Bedeutung eines fast traumatischen Kompetenzverlustes des Therapeuten in einer Gruppenanalyse. Die sozusagen normale Nutzung der Gegenübertragung ist den meisten Analytikern inzwischen geläufig. Man hört nur noch selten Stimmen, die die Gegenübertragungsgefühle des Therapeuten für einen Störfaktor während einer Therapie halten. Mit normaler Nutzung meine ich folgenden Vorgang: der Analytiker spürt in sich Gefühle aufkommen, die ihn zunächst erstaunen oder vielleicht befremden, falls er sie nicht sofort in Zusammenhang mit seinem Patienten bringen kann. Auf jeden Fall nimmt er an, daß seine Gefühle etwas mit einer frühen Szene zu tun haben, in die der Patient unbewußt geraten ist und in dem er dem Analytiker eine komplementäre Rolle, einen Selbstanteil oder dergleichen zuweist. Bei gutem Arbeitsbündnis und funktionierender Ichspaltung des Patienten wird der Analytiker seine Gegenübertragungsgefühle zu einer Deutung verwenden, beim Patienten eventuell Gehör finden und sich selbst auch von dem Fremdanteil der in ihm aufgekommenen Gefühle entlasten können. Schwieriger wird die Sache unter zwei Bedingungen:
Erstens: Es besteht, infolge der Intensität der emotionalen Verstrickung, von Angst und dem Vorwiegen von

Spaltung und Projektion, ein ausreichendes Arbeitsbündnis, in dem eine Deutung eine sinnvolle Mitteilung darstellt. Der Patient weigert sich entweder oder ist unfähig, die aus der Gegenübertragung kommende Deutung anzunehmen: er will von der Szene schlicht nichts wissen, weil sie für das Bewußtsein zu gefährlich ist. Damit bleibt der Analytiker auf seinen Gefühlen sitzen. Dies kann zu einem gefährlichen Stau führen.
Zweitens: Die Gegenübertragungsgefühle sind dem Analytiker so unangenehm, sie werden so heftig oder geraten so sehr in die Nähe eigener Lebensthemen, daß er ihre Realität als Bedrohung fürchtet und versucht, sie zu verdrängen oder sie seiner Neurose zuzuschreiben, nicht aber: sie kreativ zu nutzen. Es entsteht dann ebenfalls ein gefährlicher Stau. In beiden Fällen kann die Situation das Befinden des Analytikers stark beeinträchtigen.
Am schwierigsten scheint die Lage zu werden, wenn die Gegenübertragung die Selbstzweifel des Therapeuten schürt und dieser infolge des fragiler werdenden Gleichgewichts tatsächlich sich auf eine geringer werdende Offenheit oder Lebendigkeit zutreiben sieht. Ergreifen die Gegenübertragungsgefühle Besitz von einem eigenen neurotischen Lebensthema, dann werden der Patient oder die Gruppe zu einer Übertragungsfigur, also zu einem inneren Objekt des Therapeuten, mit dem er verstrickt ist. Und ganz zweifellos wachsen in einem solchen Moment die Zweifel an der eigenen therapeutischen Kompetenz sprungartig an. Viele Analytiker beginnen in solchen Phasen von ihren Patienten zu träumen, und zwar in durchaus ängstigender Weise.
Erst allmählich wurde mir deutlich, daß der Theaterszene während der sich lange hinziehenden Gruppenkrise, die sich zunehmend auch auf mein therapeutisches Lebensgefühl negativ auswirkte, die Funktion eines Ge-

genübertragungstraumes, ja eines Gegenübertragungsalptraumes zukam. Ralf Zwiebel hat in seiner Arbeit (Ralf Zwiebel, *Der Analytiker träumt von seinem Patienten*, in: *Psyche*, 1977) klar und einleuchtend herausgearbeitet, daß Gegenübertragungsträume in der Regel auftauchen als Anzeichen der Auseinandersetzung mit einem drohenden therapeutischen Kompetenzverlust. Seine Auswirkungen suchen das Unbewußte des Analytikers längst tiefer heim, als es sein bewußtes Ringen um die Erhaltung der eigenen Ausgeglichenheit und Kompetenz wahrhaben will. Im Idealfall erreicht der Analytiker durch Selbstanalyse oder Supervision wieder das Stadium einer ausreichenden Freiheit des Fühlens und des therapeutischen Handelns. Während der in dieser Arbeit dargestellten Verwirrung schien es mir auch immer wieder, als kehrte ein ausreichendes Kompetenzgefühl durch Selbstanalyse und Supervision zurück, doch mußte ich erleben, wie es in nachfolgenden Sitzungen sich stets immer wieder auflöste und den weiter unten beschriebenen Phänomenen anheimfiel.
Es wird schwer festzustellen sein, in welchem Verhältnis hier eigene neurotische Anteile, also die »reale« Inkompetenz, zu der induzierten Inkompetenz stehen, die die Gruppe aufgrund kollektiver unbewußter Phänomene mich erleben lassen mußte, um mit mir ein neues Arbeitsbündnis zu finden. Es gab also sehr wohl die Möglichkeit, die Krise als etwas Privates anzusehen und sie beschämt der eigenen Unzulänglichkeit zuzuschreiben, vor allem aber, sie nicht einer kritischen kollegialen Öffentlichkeit vorzustellen. Andererseits bin ich überzeugt, daß sich unbewußte Abwehrkonstellationen in Gruppen so verdichten können, daß das »heilsame« Überleben des Therapeuten in Frage gestellt scheint. Diese Situationen können so schmerzlich sein, daß

Scham und Zweifel oft lange anhalten, daß Gruppen platzen, ja, daß sich Kollegen sogar zurückziehen aus der Rolle des Gruppentherapeuten. Die Beschämung mag auch dazu führen, daß es einen Bereich des Schweigens gibt, sozusagen eine Dunkelziffer von Notsituationen, die einem weiterführenden Erfahrungsaustausch verloren gehen, weil Situationen, die zu einem Agieren in der Gegenübertragung führen, einfach peinlich sind. Ich habe mich entschieden, ungefähr die Hälfte der »Schuld« einer eigenen Kompetenzlücke zuzuschreiben, die andere einer Verdichtung eines kumulativen Traumas in der Gruppe und einem daraus induzierten Kompetenzverlust.

Das sind alles nachträgliche Überlegungen. Damals wußte ich nicht, in welchem Ausmaß die Gruppe mich in Frage gestellt hatte, und traute mich nur auf Umwegen an die volle Wahrheit heran. Die Szene, in der der Autor auftritt, steht am Ende eines ungewöhnlichen Tages der Familie, in dessen Verlauf alle vertrauten Verhaltensmuster, fast alle Abwehrformen aus fast zwei Jahrzehnten des Zusammenlebens, zerfallen. Lange niedergehaltene Gefühle und Wahrnehmungen brechen durch, eine Art gemeinsamer Lebenslüge zerplatzt. Der eruptiven Lebendigkeit, die in allen Figuren hervorstürzt, fehlt noch jede gemeinsam lebbare Form. Es herrschen Verwirrung, Chaos und Resignation.

Der Gegenübertragungs-Alptraum

In der unmittelbar dem Auftritt des Autors vorausgehenden Szene waren Mutter und Tochter im Café in der Stadt und kommen aufgeräumt und zuversichtlich nach Hause, finden aber Vater und Sohn in bösem Streit vor.

MUTTER Zwei Minuten bin ich hier, und alle Hoffnung ist weg . . . Petra, was haben wir uns nur eingebildet! Ich fange gleich wieder an zu schreien *sie setzt sich verängstigt:* . . . laßt mich noch einen Moment verschnaufen, dann koch' ich euch was, und wir sitzen friedlich in der Küche zusammen.

KARL Ich kann es nicht mehr hören, friedlich, friedlich, ich will den Scheißfrieden nicht mehr, eher schlag' ich alles klein . . . wir haben sowieso schon einen Stuhl weniger, und die Tassen reichen auch nicht mehr für alle . . .

VATER Dann stimmt's wenigstens, daß wir nicht mehr alle Tassen im Schrank haben . . .

MUTTER *schreit:* Hör auf mit deinen blöden Witzen. Alle Hoffnung ist wieder weg. Aber trotzdem gehe ich jetzt kochen. *ab*.

VATER Mir ist schon wieder nach Verschwinden, nach Südamerika. Dort brauchen sie Bewässerungsspezialisten . . . *nimmt verzweifelt den Kopf zwischen die Hände*

Es klingelt

KARL Was ist denn jetzt los. Ein prima Augenblick für Gäste! Herzlich willkommen!

VATER *geht hinaus zur Wohnungstür. Man hört Gemurmel, dann lauter:*

Ja, bitte, kommen Sie halt herein. Es ist ein bißchen unordentlich, wir hatten einen kleinen Disput.

DER FREMDE Ich weiß, ich weiß. Vielleicht kann ich Ihnen behilflich sein. Guten Abend Petra, guten Abend Karl . . .

KARL Ich wüßte nicht, daß wir uns kennen . . .

DER FREMDE Ich weiß, ich weiß *er ist einerseits sehr vertraulich, andererseits scheu wie ein Eindringling, der möglicherweise höchst unwillkommen ist und nicht*

weiß, ob er nicht wieder rausfliegt.
Ich gebe zu, die Situation ist etwas ungewöhnlich, aber ich selbst bin sehr ratlos.
Schweigen

VATER *höflich:* Können Sie uns sagen, was sie hierher führt? Möchten Sie nicht Platz nehmen?

FREMDER Ich weiß nicht . . . *deutet auf die Geschwister*

PETRA Doch, doch, bitteschön *schiebt ihm einen Sessel hin.*

KARL Mann, Sie sind ganz schön komisch!

FREMDER Danke, im Augenblick bleibe ich lieber noch stehen, ich weiß wirklich nicht, ob ich Ihnen willkommen bin . . .

KARL Wie sollen *wir* denn das wissen? Sie haben sich noch nicht einmal vorgestellt!

FREMDER Nun, die Sache ist etwas ungewöhnlich. Sie sind möglicherweise erstaunt . . . ich wußte mir wirklich keinen anderen Rat.

VATER Sind Sie in einer Notlage?

FREMDER Ja, so könnte man es nennen. Und sehen Sie: wofür ich Sie um Entschuldigung bitten möchte: meine schwierige Lage hängt mit der Ihrigen zusammen. Es kann nämlich sein, daß ich abdanken muß . . .

KARL *ironisch:* Sind Sie so etwas wie . . . ein regierender Fürst?

FREMDER Das wäre sehr schön . . . dann wären wir in diese peinliche Situation vielleicht nie gekommen.

KARL Wenn Sie nicht bald deutlicher werden, dann werde ich es.

PETRA Karl, reiß dich zusammen. Er ist ein Gast. Es geht ihm nicht gut.

FREMDER Sehen Sie, schon entsteht Ungeduld. Und Verwirrung. Ich könnte es verstehen, wenn Sie mich

Ihre Verachtung spüren ließen . . . es täte mir so leid, wenn es Streit gäbe. Dabei wollte ich helfen, ihn zu schlichten.

KARL Jetzt reicht's aber. Wir brauchen Sie nicht, um uns noch verrückter zu machen . . .

FREMDER Bitte, haben Sie noch einen Moment Geduld. Wenn Sie meinen, Sie . . . oder die Familie, seien möglicherweise verrückt . . . äh . . .

VATER Was maßen Sie sich an? Ich muß jetzt sehr an mich halten . . .

FREMDER Niemals wollte ich ausdrücken, Sie seien wirklich verrückt! Es war doch im Konjunktiv gesagt: nämlich, falls Sie, oder einer von Ihnen, meinen sollte, einer, oder mehrere, seien verrückt . . .

KARL Auf alle Fälle spinnen wir weniger als Sie! Das ist geradezu erleichternd zu sehen. Ich fühle mich zunehmend normaler.

FREMDER Das ist durchaus auch meine Meinung über Sie.

KARL Ihre Meinung über mich interessiert mich einen Dreck. Allein schon deshalb, weil Sie mich gar nicht kennen.

FREMDER Ich gehe seit Wochen schwanger mit Ihnen. Mit Ihnen allen . . . schade, daß die Mama nicht da ist.

KARL Jetzt rufe ich mal den Notarzt an. Er ging schwanger mit uns! . . . den kann man nicht einfach rauswerfen, in diesem Zustand!

FREMDER Bitte, haben Sie noch etwas Geduld mit mir! Es könnte sich lohnen *werbend und zugleich drohend.* Jawohl, ich trage Sie seit Wochen im Kopf herum und weiß nicht weiter . . .

PETRA Papa, er ist mir unheimlich. Nennt man das schizophren?

VATER Ruf mal die Mama. Vielleicht klärt sich alles auf. Er hat nach ihr gefragt, er scheint sie zu kennen. Vielleicht kennt sie ihn auch.

FREMDER Ich glaube nicht. Unsere Bekanntschaft ist bis jetzt sehr einseitig. Sie sind meine Geschöpfe!

VATER *macht ein Zeichen zu Karl, unklar, ob er Mama rufen soll, oder den Notarzt*

FREMDER Bitte, unternehmen Sie nichts Unüberlegtes. Ich schwitze ja Blut und Wasser. Ich meine, mir ist sehr heiß geworden. Die Sache ist mir ungeheuer peinlich.

PETRA Uns auch . . . allmählich. Rücken Sie doch endlich raus mit der Sprache. Sie können einen wirklich nerven. Ein paar Tage mit Ihnen leben . . . da sehnt man sich ja fast ins Irrenhaus.

FREMDER Ich wollte nicht behaupten, ich sei weniger kompliziert als Sie. Ich glaube sogar, wir haben alle gewisse Ähnlichkeiten.

KARL *kommt mit der Mutter zurück:* Schau ihn dir an, kennst du ihn? Sei ehrlich!

MUTTER Ach woher denn? Hat er das wirklich behauptet? Unverschämt! Sind Sie Hausierer? Sie können sich doch nicht einfach hier einschleichen! Wir kaufen sowieso nichts.

FREMDER Aber, gnädige Frau . . .

PETRA Er stammt aus besseren Kreisen, oder tut so. Aber er ist heruntergekommen. Vielleicht meinten Sie das mit dem Abdanken?

FREMDER Keineswegs. Ich wollte sagen, ich muß vielleicht von meiner Aufgabe zurücktreten.

VATER Das kann passieren, wenn man sich übernimmt.

KARL Sagen Sie mal, da Sie Ihren Beruf nicht freiwillig angeben, oder Ihre damit verbundene Absicht, da können wir ja mal raten . . . gibt es eine für Ihren Beruf typische Handbewegung?

FREMDER Oh, diese Frage könnte sehr hilfreich werden *er schreibt in die Luft.*

PETRA Schaufensterbeschrifter? . . . Plakatmaler?

FREMDER Sie treiben mich in die Enge . . . *weicht etwas vor Karl zurück, der auf ihn zugegangen ist.* Ich verabscheue körperliche Gewalt.

KARL Für einen Feigling habe ich Sie sofort gehalten!

FREMDER Das würde ich nicht für alle Lebensbereiche gelten lassen.

VATER *brüllt:* Nun sagen Sie endlich, was hier los ist!

FREMDER *eingeschüchtert:* Ich bin der Autor.

MUTTER Was für ein Autor?

FREMDER Na, der Autor dieses Stücks!

MUTTER Was für ein Stück? Wir sind hier nicht auf dem Theater.

KARL Vielleicht doch! Der Hanswurst ist jedenfalls schon da.

AUTOR *bitter:* Vielen Dank!

VATER Der Mann träumt.

AUTOR Ich wollte, es wäre so. Ich habe euch alle erfunden. Wirklich. Verstehen Sie: Sie kommen aus meinem Kopf und reden meine Worte, ob Sie wollen oder nicht. Mindestens bis vorhin. Da war die Szene zu Ende und ich bekam Angst, als Sie wieder Streit zu kriegen drohten. Jetzt habe ich noch mehr das Gefühl, etwas Schlimmes angerichtet zu haben.

VATER Werter Herr, ich lebe hier seit zwanzig Jahren. Erst heute früh haben wir darüber gesprochen und Rückschau gehalten. Und Sie sind vor ein paar Minuten reingeschneit, und da mir nach Abwechslung war, habe ich Sie reingelassen . . .

MUTTER Heinz, unterbrich ihn nicht. Du störst ja die Literatur mit deinen kleinlichen Einwänden. Ich glaube, du bist ein Banause, Heinz. Schade . . . bitte, reden Sie doch weiter, Herr Autor. Ich finde die Sache ungemein interessant. Sie bleiben doch hoffentlich zum Essen.

PETRA Gleich wird er behaupten, das Essen stammt auch aus seinem Kopf!

MUTTER Karl, und Petra, ihr lest in der Schule doch auch Theaterstücke, und geht manchmal ins Theater. Kommt da sowas auch vor?

KARL Quatsch! Da ist es entweder tragisch oder lustig, aber nie so ein Durcheinander.

AUTOR Sehen Sie, deswegen bin ich ja gekommen.

KARL Um so ein Durcheinander zu machen?

AUTOR Nein, um eine drohende Katastrophe, oder etwas ganz und gar Absurdes, Unaufhaltsames zu vermeiden. Denken Sie nur an heute früh. Da dachten Sie doch alle, die Familie fällt auseinander, oder es könnte tragisch enden.

MUTTER Was wissen Sie denn von heute früh? Das geht niemanden etwas an. Wir sind anständige Leute, und ich möchte nicht, daß wir öffentlich durch den Dreck gezogen werden. Wir haben einige Probleme, aber wer hat die nicht!

AUTOR Ich wollte einfach etwas Positives schreiben, verstehen Sie mich nicht falsch, kein billiges Happyend. Aber es sollte nicht in einer blöden, absurden Katastrophe enden. Unter dem ganzen Schutt sollte das Menschliche hervortreten, ein Aufbruch, kurz und gut, ich wollte, daß Sie auf eine neue Weise zusammenfinden. Ich hoffte, Sie könnten den Konflikt aus eigener Kraft durchstehen, statt auseinanderzugehen oder sich Gewalt anzutun . . .

VATER Aber da waren wir doch dabei. Wenn mir jemand vor ein paar Tagen noch gesagt hätte, daß es so etwas geben könnte: daß wir uns anbrüllen, schlagen und aufgeben wollen, und dann merkst du, da ist noch etwas anderes, neben dem Haß und der Gleichgültigkeit: Zuneigung, und daß man ganz neu zuhört und mitten im Gebrüll und unter Tränen etwas Neues versteht! Und jetzt kommen Sie daher und halten eine Predigt . . . wir brauchen sie nicht! Wir brauchen niemanden, der hier noch rumstochern will! *Die beiden Männer nähern sich ihm langsam, wie um ihn zur Türe hinauszudrängen.*

AUTOR *ängstlich und drohend:* Wenn Sie mich bedrohen, lass' ich die Sache tragisch enden. Ich habe Sie in der Hand. Was Sie sich vorgenommen haben, wird Ihnen nicht gelingen. Ich sage das im Augenblick ärgerlich und etwas drohend, um Sie zur Vernunft zu bringen. Dabei bin ich hergekommen, um Ihnen, und mir natürlich auch, aus der Klemme zu helfen.

MUTTER Ich finde die Sache immer noch sehr interessant. Aber Sie benehmen sich in der Tat merkwürdig. Das hebt nicht gerade den Respekt vor Menschen, die die Kultur machen. Sie sind um keinen Deut besser als wir. Nur eingebildet.

PETRA Ich glaube, Sie bilden sich ein, Sie sind der liebe Gott!

KARL Genauso klingt das. Sie wollen uns erfunden haben, und ich habe meine eigene Geschichte. Das hier sind meine Eltern, das ist meine Schwester. Ich sage Ihnen eines: nicht einmal ein Zehntel von dem, was mir in den letzten Monaten durch den Kopf gegangen ist, könnten Sie erfinden, Sie Hosenscheißer, Sie Großmaul, Sie . . .

AUTOR Wir brauchen Zeugen, ein paar Normale, sonst werden wir alle verrückt. Hier, schauen Sie doch in diesen Saal . . .

KARL Ich sehe gar nichts, schon gar keine Normalen. Ab und zu ein albernes Gelächter.

PETRA Vielleicht hat er die Zuschauer auch erfunden, Herr Autor und Gott. Schmeißen Sie immer so mit Schicksalen umher wie mit uns, falls wir uns mal auf Ihren Wahn einlassen? Sie sind ja ein richtiger Tausendsassa. Erfindet Leute und kommt angerannt, um ihnen aus der Klemme zu helfen.

VATER Sie scheinen wirklich zu glauben, Sie könnten Menschen erschaffen, wie der liebe Gott aus den biblischen Geschichten.

AUTOR Auf jeden Fall, Sie, Sie sprengen den Rahmen meines Stückes. Die Sache ist mir entglitten. Ich hätte Sie klarer diagnostizieren sollen, vorher. Jetzt sieht es schlecht aus für diese Familie. Aber wenn ich das ganze jetzt als Tragödie anlege, mache ich mich lächerlich, obwohl Sie alles in sich tragen. Mir liegt nichts an Ihrem Untergang. Es gibt keine Tragödien mehr, im Zeitalter der Psychologie. Sie sollten, statt weiterzuspielen, zusammen zum Psychiater gehen. –

PETRA Da nehmen wir Sie aber mit!

KARL Dann wird der Psychiater auch noch verrückt!

MUTTER Hör auf mit deinen Witzen. Wenn ich nur wüßte, ob das jetzt noch immer Literatur ist.

AUTOR Nein, es ist keine Literatur mehr, sonst würde ich nicht so schwitzen *wischt sich den Schweiß.* Wir sitzen im gleichen Boot und treiben hinaus . . .

VATER Hören Sie zu: entweder Sie sind ein dilettierender Halunke . . .

PETRA Oder er meint es wirklich gut mit uns. Er schwitzt wirklich sehr.

VATER Ich glaube, Sie sind im Augenblick mutloser als wir alle hier.

AUTOR Haben Sie denn eine Vorstellung davon, wie das

Stück weitergehen könnte? Sie schlagen sich alle so tapfer. Ich hatte manchmal Tränen in den Augen, beim Schreiben. Es macht mir Angst, ob Sie durchkommen.

PETRA Der Mann meint es gut mit uns. Ihr wißt überhaupt noch nicht, worauf er hinaus will. Vorhin, gerade bevor er kam *fängt an zu weinen*, wie war es denn da? Es brauchte doch nur ein falsches Wort zu fallen, eine falsche Betonung, und schon sind wir wieder aus der Bahn geworfen, und die guten Vorsätze sind weg.

MUTTER Petra hat recht . . .

KARL Du warst ziemlich nahe am Durchdrehen . . . du wolltest, daß wir die Wände festhalten . . . nur weil dein Mann anderswo eine bessere Stelle bekommt.

PETRA Man kann nur staunen, wie schlicht und einfach du die Sache jetzt verdrehst.

MUTTER Es hat mir wirklich Panik gemacht. Und sie könnte wiederkommen, jederzeit.

VATER Und ich möchte nicht dauernd schuld sein an deiner Panik und ständig fürchten, daß du durchdrehst. Ich will wissen, was mit uns los ist.

KARL Kennen Sie irgendwelche Beruhigungsmittel, die man einnimmt, wenn man die nächste Krise kommen fühlt . . . was soll ich einwerfen, wenn ich zum Beispiel immer mehr Lust kriege, Papa wieder unter den Tisch zu hauen, verstehen Sie, Lust, das ist nicht das richtige Wort, das kann ganz dranghaft werden . . . oder wenn sich die Möbel wieder bewegen und gegen mich arbeiten . . .

PETRA Und für mich, wenn ich vor lauter Widerwillen, das Abitur zu machen, freiwillig schlechte Noten schreibe, wenn ich das nicht kontrollieren kann, obwohl ich ahne, wie die richtige Lösung lautet . . . da habe ich das Gefühl, ich bin mein eigener Feind. Gibt es dagegen ein Mittel?

VATER Ihr glaubt ja an Wunder. *Zur Mutter gewandt:* Und wogegen brauchst du Pillen?

MUTTER Das sage ich ungern vor den Kindern. Einmal gegen die Alpträume. Und dann läßt es mich nicht in Ruhe, warum du so selten . . .

AUTOR *räuspert sich und schaut zur Seite*

VATER Was denn?

MUTTER Stell dich nicht so an!

PETRA Hat es mit den sogenannten ehelichen Pflichten zu tun?

VATER Halt dich da raus, du Grünschnabel. Wenn sowas zur Pflicht wird, ist doch eh alles zu spät. Gut, dafür bräuchte ich auch eine Pille. Zur Aufmöbelung . . .

MUTTER Pfui, Heinz, schäm dich! Das muß doch von innen kommen, und nicht mit Chemie. Ich werd' verrückt . . . hast du wirklich gedacht, du solltest den Ofen künstlich anheizen?

VATER Na Mensch, ihr ruft doch an den komischsten Stellen nach einem Wundermittel und bettelt unsern Autor an!

KARL Ich glaube, der Herr Autor, der Erfinder von diesem Schlamassel, meint etwas anderes.

AUTOR *erregt, erleichtert:* Jawohl, genau. Ich will aussteigen aus dem Stück und euch nicht euch selbst überlassen. Ich habe euch zu kompliziert erfunden . . . versteht ihr das nicht, ihr seid doch auch Teile von mir, alle eure Ängste kenne ich. Es ist doch augenfällig und mit Händen zu greifen, daß ihr krank seid, als Familie . . . jetzt ist es heraus, ich hatte solche Angst vor diesem Augenblick. Eine Familienneurose.

MUTTER Jetzt werden Sie schon wieder unverschämt. Was soll das denn heißen, wir sind krank?

KARL Und wenn schon, dann sind Sie mindestens so

plem-plem wie wir!

AUTOR Gott sei Dank, Karl, Sie haben das Wichtigste begriffen . . .

KARL Sie Angeber, Sie können sich Ihre Zensuren wirklich sparen.

VATER Ich habe eine Neurose, soweit ich das als Ingenieur verstehe, für ein ziemlich schäbiges Schimpfwort gehalten. Damit hätten Sie uns nicht kommen sollen.

AUTOR Sie können ja noch wählen, und ich kann auch wählen. Ein Ende mit Schrecken, oder statt mieser Dramaturgie eine klare Diagnose.

PETRA Allmählich dämmert mir's: Sie haben uns erfunden, uns in ziemliche Verwirrung gestürzt, und auf einmal halten Sie sich nicht mehr für zuständig . . .

KARL Und danken ab und wollen uns an einen Spezialisten überweisen, zur Reparatur.

AUTOR Richtig.

KARL Sie meinen ja immer noch, Sie hätten das in der Hand. Sie glauben wohl, wir leben und lernen weiterhin nur von Ihren Gnaden.

MUTTER Ich habe bereits erwähnt, daß ich nicht sehr gebildet bin. Was eine Neurose ist, weiß keiner von uns richtig. Mein Mann hält es für eine Beleidigung. Ich bin da unsicher, weil ich sehe, daß Sie sich wieder gefangen haben, seit Sie das Wort herausgedruckst haben. Als ob es auch entlastend sein könnte, das zu erkennen . . .

AUTOR Mir fällt ein Stein vom Herzen. Weil Sie dem Krieg jetzt distanzierter gegenübertreten.

MUTTER Distanziert klingt schon wieder nach Kritik.

AUTOR Im Gegenteil. Ich meine, Sie könnten es begreifen, wenn ein Dritter Ihre ganze Geschichte ruhig und sachkundig aus einem gewissen Abstand betrachtet und nicht, wie Sie und ich, dauernd in Panik gerät, sondern erst einmal versucht, ob einer den anderen verstehen kann, wenn er etwas sagt.

KARL Das letztere ist bei uns nicht üblich . . .

MUTTER Halt dich jetzt mal raus, Karl. Der Herr Autor redet jetzt mit uns wie ein Fürsorger mit einer Problemfamilie aus der oberen Siedlung. Wo ab und zu einer schlichten muß, damit es nicht Mord und Totschlag gibt. Meinen Sie es so ähnlich? . . . Ich verbiete Ihnen, uns asozial zu nennen. Mein Mann ist ein angesehener Sachbearbeiter bei der Behörde.

AUTOR Nicht ich, sondern Sie haben das Beispiel gebracht . . .

MUTTER Sie drehen einem ja das Wort im Mund herum, noch bevor es draußen ist. Und was machen wir jetzt mit unserer Neurose? Ist es ansteckend? Oder erblich? Kommt es von meiner Familie, oder von Heinzens? Darüber haben wir oft genug gestritten. Wenn der Psychiater das entscheiden kann, sind wir schon viel weiter . . .

AUTOR Das glaube ich nicht. Da spielt so vieles ineinander.

VATER Das hab' ich doch immer gesagt. Aber das willst du nie hören.

MUTTER Was hast du gesagt? Daß da vieles ineinanderspielt? Da mußt du aber besonders guter Laune sein. Und das bist du selten genug. Sonst fällt dir immer bloß ein: guck dir doch mal deine Familie an, da kann doch keiner normal bleiben!

VATER Und du, was sagst du? Daß ich froh sein kann, daß ich nicht abgerutscht bin, ohne deine Hilfe? Lauter beleidigende Sachen. Als hättest du mich gerettet!

PETRA *hält sich die Ohren zu:* Hört auf. Fangt nicht wieder an mit dem Beschuldigen! Ihr laßt ja kein gutes

Haar am andern. Herr Autor, kann man etwas dagegen machen?

VATER Ach, dieser Quatschkopf weiß doch nicht einmal, mit was für Personen man ein Theaterstück machen kann!

MUTTER Laß ihn jetzt endlich reden. Deine Klärgruben sind auch nicht immer dicht, und das Regenwasser kommt rückwärts zu den Gullis raus.

AUTOR Man kann schon etwas machen, aber es ist eine langwierige Sache. Man muß einer fremden Person gegenüber alles offenlegen. Die man außerdem bezahlen muß . . . Es ist ein Beruf, eine Art Dolmetscher.

PETRA Das klingt gut, und Sie machen eine gute Reklame. Wie um von sich abzulenken.

KARL Vielleicht kriegt er Provision, wenn er uns vermittelt?

PETRA Einer von uns muß immer alles mies machen, wenn es mal grad gut läuft. Laß ihn doch *ein* Mal ausreden . . .

VATER Ich glaube nicht, daß ich einem fremden Menschen sehr viel von mir erzählen würde.

KARL Und? Ist Neurose so was Ähnliches wie der Bankrott einer Firma?

AUTOR Ungefähr. Ein schleichender Bankrott . . . wir reden jetzt übrigens sehr vernünftig.

KARL Und wenn der Bankrott nicht schleichend wäre, sondern mit Knall kommt? Mit Ausflippen, Zusammenschlagen, oder wenn die Wände zappelig werden oder die Möbel sich fies benehmen oder Petra alles dem Geheimdienst meldet oder Mama sich doppelt fühlt und von Papa zusammengenagelt werden muß?

AUTOR Dazu sagen manche Psychose. Das ist sozusagen Bankrott mit Flucht ins Ausland.

VATER Südamerika?

MUTTER Frag doch nicht so doof.

KARL Er meint es anders: wenn du weggetreten und geistig nicht mehr auffindbar bist . . .

PETRA Hängt doch nicht so den Fachmann raus.

VATER Mit Ihnen kann man sich richtig gut unterhalten.

PETRA Stimmt. Sobald Sie nicht schwitzen, fühlt man sich wohl in Ihrer Nähe.

KARL *flüstert ihr zu:* Mach ihn nicht eingebildet. Ich trau' ihm noch lange nicht. *Laut:* Sind Sie sozusagen geistlicher Firmenberater, in bankrotten Familien? Deren Pleite Sie außerdem selbst herbeiführen?

AUTOR Sie unterstellen, daß dies alles professionell geplant gewesen wäre. Weit gefehlt.

VATER Sie wollten ein Drama schreiben. Das ging schief. Sie sind vielleicht kein erstklassiger Autor. Oder noch in Ausbildung. Aber jetzt reden wir von Mensch zu Mensch, sozusagen vor den Zuschauern.

AUTOR Sie müssen nicht denken, daß die viel gesünder sind.

PETRA Bleiben Sie noch ein paar Tage bei uns. Ihre Anwesenheit ist trotz allem wohltuend.

KARL Sie könnten sich von Ihrer Schlappe erholen, und ganz nebenbei führen wir Tischgespräche und Abendunterhaltungen.

VATER Und legen unsere Konten offen. Ganz privat.

AUTOR Ihr Angebot ehrt mich, aber meine Familie wartet. Außerdem: der Konkursverwalter tritt nicht gleich als Teilhaber in die kranke Firma ein . . .

PETRA *leise zu Karl:* Jetzt drückt er sich wieder . . .

AUTOR So wie mit mir könnten Sie doch mit einem Fachmann reden, dem Sie vertrauen . . .

PETRA Kommt der auch so vorbei, klingelt, mischt sich ein, schwitzt, und sagt: ohne mich geht ihr vor die Hunde.

AUTOR Die wenigsten kommen ins Haus. Und wenn, dann gilt es als nicht ganz seriös.

KARL Finde ich auch besser, man geht hin. Da kannst du wieder gehen, wenn du willst. Rausschmeißen ist immer so ein Aufwand.

PETRA Wenn *wir* hingehen, kann *er* uns rausschmeißen, das ist vielleicht noch blöder.

AUTOR Ich glaube nicht, daß er Sie rausschmeißen würde. Er wird versuchen, Sie zu verstehen.

KARL Und wenn er auch Lust kriegt, abzudanken? Wenn wir ihm auch den Kopf verdrehen wie Ihnen? Wenn die große Verwirrung kommt und er alles für hoffnungslos hält?

PETRA Wenn Karl ihn zum Beispiel verprügelt?

AUTOR Das gilt dort nicht.

MUTTER Das finde ich richtig, und anständig. Ich finde den Gedanken gar nicht mehr so schlecht!

VATER Wenn Sie dafür aufhören, Stücke zu schreiben, mit falsch ausgesuchten Personen! Sie sollten nicht noch mehr Leute ins Unglück stürzen, Sie komischer Leuteerfinder!

AUTOR Einverstanden.

MUTTER Keiner denkt wieder mal ans Geld.

KARL Wieso denn das? Kann man nicht auf Krankenschein verrückt sein? Wir haben's uns doch nicht selbst eingebrockt.

AUTOR Richtig. Der Gesetzgeber und die Krankenkassen wollen keine Tragödien mehr. Deshalb tun sich die Stückeschreiber so schwer. Irgendwie muß man das respektieren . . . Es gibt ein paar hundert Familienberatungsstellen, und alle haben Hochbetrieb. Dabei sind wir noch sehr rückständig . . .

PETRA Das können doch nicht alles Asoziale sein, die dort hingehen.

AUTOR Ich habe Ihnen ja gesagt, daß ich die Situation höchst verwirrend finde.

MUTTER Ich weiß noch immer nicht, ob es gut ist, daß wir in die Literatur geraten sind . . . aber in unserer alten, blöden Bravheit will ich auch nicht mehr leben . . .

KARL Theaterstücke sollte man lesen, oder anschauen, aber nicht hineingeraten.

AUTOR Ich versuche ja, Sie wieder rauszuholen. Ich habe das Gefühl, ich könnte mich jetzt verabschieden . . .

VATER Sie wollten uns doch an einen Spezialisten verweisen . . .

AUTOR Ich lasse Ihnen ein paar Adressen hier.

PETRA Wie Sie sich aus der Affäre ziehen! Geradezu elegant.

AUTOR Wenn es elegant gelaufen wäre, wäre ich nicht so erschöpft.

MUTTER Dann würde ich es Ihnen auch nicht übelnehmen, wenn Sie nicht mehr zum Essen bleiben . . . es ist trotzdem schön, Sie kennengelernt zu haben. Wie werden Sie nun weiterleben?

AUTOR Das ist mir auch noch nicht ganz klar.

KARL Ich hoffe, daß wir uns nicht aus den Augen verlieren. Ich hätte Lust, Sie mal wieder zu treffen. Sagen wir mal: in einem Jahr.

PETRA Falls Sie uns da noch wiedererkennen. Wir sind nicht ganz so meschugge, wie Sie sich uns ausgedacht haben.

VATER Es war sogar ganz gut, Sie in Angst und Sorge um uns zu sehen, und ratlos. Kopf hoch! Und gute Besserung. *Autor ab*

MUTTER Im Grunde ist er kein schlechter Kerl. Jetzt hat er einen Denkzettel. Die Adressen steck' ich hinter den Spiegel. Für alle Fälle.

Der Zustand der Gruppe zu Beginn der Verwirrung

Die Gruppe besteht zu Beginn der quälenden Phase der Verwirrung seit etwas mehr als eineinhalb Jahren. Es sind drei Männer und sechs Frauen. Wichtig an dieser Zusammensetzung (zu Beginn: 5 Männer, 5 Frauen) sind folgende Ereignisse: es war von Anfang an vereinbart, daß nicht über Kasse abgerechnet wird. Nach ca. 6 Monaten schieden zwei Männer aus, weil sie das empörend fanden. Der Streit konnte nicht ausgetragen werden: sie wollten nicht bei einem Therapeuten mit derart unsozialen Zügen bleiben. Wenig später verließ eine Frau zur beruflichen Fortbildung die Gruppe für einige Monate. Sie ließ offen, ob sie zurückkommen oder in der weit entfernten Stadt bleiben wollte, falls sie eine Stelle fände. Ihren Platz nahm eine neue Patientin ein. Wenig später kehrte die andere Patientin entmutigt von dem vergeblichen Aufbruch in die Gruppe zurück. Gegen Ende der Phase der Verwirrung schied ein weiterer männlicher Patient aus mit der Begründung: er halte sich nicht für Gruppentherapie geeignet, fühle sich fremd, isoliert und anders als die übrigen Teilnehmer. Einige Wochen zuvor war ein weiterer männlicher Patient hinzugekommen.

Die Aus- und Eintritte konnten in der Gruppe nicht wirklich bearbeitet werden, sie wurden eher hingenommen, teils mit Abneigung, teils mit der Hoffnung auf »Belebung« der Gruppe, in der von Anfang an eine gewisse Resignation, Mattigkeit, gehemmte Kommunikation vorherrschten. Nach einer etwa einjährigen Phase, in der der Analytiker, von seinem in der Runde stehenden Analytikersessel aus, klassisch deutend verfuhr, nahm die passiv abwartende, teils fügsam gläubige, teils verächtlich-verschlossene Haltung der Teilnehmer eher noch zu, bis er sich, in einer Art Sprung über den Graben, auf einen der einige Zentimeter niedrigeren Sacksessel setzte. Dies führte zunächst zu einer Verlebendigung und einer fruchtbaren Auseinandersetzung mit der männlichen, deutenden Autorität, die in Form des leeren »Thrones« jetzt anschaulicher wurde. Schwerer greifbar blieb die kaum formulierbare Erwartung an eine nährende, belebende, strafende, heilende oder vernichtende mütterliche Autorität, mit Zügen einer religiösen Furcht und Hoffnung, schwindender Lebhaftigkeit bei den Mitgliedern und einer langsam wachsenden, erbitterten Enttäuschung, die, da sie nicht klar geäußert werden konnte, zu weiterer Lähmung führte. Der deutende, »kluge« männliche Therapeut hatte sich dieser mächtigen, unkonturierten Figur gegenüber als wirkungslos erwiesen. Einige Monate verbrachten die Teilnehmer im wesentlichen mit *Warten*. Sie kamen, setzten sich mit unbeteiligten Gesichtern, nahmen kaum Kontakt zueinander auf. Deutungen verhallten. Immer wieder traten Zustände allgemeiner Beklemmung auf.

Die Zunahme der Verwirrung

Mit zunehmender Ratlosigkeit und in der Hoffnung auf eine Aktivierung der Gruppe sagte der Therapeut resigniert: er könne jetzt auch nur noch warten und wolle dieses Warten nicht mehr stören. Er begann, sich unzulänglich, ja winzig zu fühlen gegenüber einem übergeordneten Phantom, das sowohl Vernichtung wie Heilung bringen konnte, demgegenüber Reglosigkeit die angemessene Haltung schien. Sein tatenloses, ebenfalls gelähmtes Mitwarten führte allmählich dazu, daß sich ein Teil des übermächtigen Phantoms in ihm konkretisierte.

Erwartung, Erbitterung und Enttäuschung richteten sich zunehmend auf ihn. Es schien, als ob er bösartig etwas verweigere, das er doch besitzen und austeilen müsse. Die Teilnehmer konnten noch im Warteraum und auf der Treppe ganz lebhaft, ja ausgelassen sein: in der Türe zum Gruppenraum versteinerten die Mienen in Bitterkeit, tiefem Gekränktsein und strafender Leblosigkeit. Einige Teilnehmer lehnten sich wie Schwerverletzte gegen die Wand. Der Raum glich atmosphärisch einer Kapelle, in der man vor etwas Schrecklichem Zuflucht gesucht hat. In mehreren Sitzungen fiel mir immer wieder das Floß der Medusa ein, das dem Untergang zutrieb. Eine endgültige Einschüchterung schien von der Gruppe Besitz ergriffen zu haben, die auf jedes gelegentlich von draußen mitgebrachte Lebenszeichen einzelner Teilnehmer mit Schweigen oder gereizter Entwertung reagierte. Obwohl es einigen Teilnehmern im Leben »draußen« durchaus besser zu gehen begann, durfte davon nichts berichtet werden. Der Gruppenraum war der Ort des verbissenen, gramvollen Leidens.
Aus der Gegenübertragung heraus versuchte ich Deutungen zu geben zu einer Reihe von klar spürbaren Konflikten: Angst vor dem Neid der Gruppe; Hoffnung auf Belohnung der reglosen Unterwerfung; Hoffnung auf den kindlichen Erlösungsglauben; Angst, beim Lebendigwerden innere oder äußere Katastrophen in Gang zu setzen; Furcht vor der Autonomie, die ein inneres Objekt, die Mutter, schädigen könne; Angst vor der stetig anwachsenden Wut über den Zwang, ein falsches Selbst zu leben; über die Fruchtlosigkeit des passiven Wartens. Die Deutungen begannen, vor sich hin zu faulen, fühlten sich für mich selbst wie schäbiges, gefälschtes Kleingeld an.
Ich begann, die Gruppenabende zu fürchten. Ich dachte

an Terminierung, gelobte mir beinahe, nie wieder Gruppen zu bilden. Zu den Versagensgefühlen traten Schuldgefühle: wie konnte ich überhaupt ein solches Unternehmen starten? Ich konnte selbst vor Beginn der Gruppe noch guter Dinge sein und war doch unfähig, mich dem Ereignis auf der Schwelle, der vorwurfsvollen Versteinerung, zu entziehen. Der wiederholte Hinweis auf die sichtbare Veränderung beim Eintritt führte nicht weiter, die Teilnehmer bestätigten nur die Lähmung. Da ich mir von der Gruppe angesteckt und blockiert vorkam, wuchs sie für mich zu einem bedrohlichen Gesamtobjekt heran, das für den Lauf des Abends, oft auch der späteren Stunden mein inneres Schicksal bestimmte. Umgekehrt fühlte sich die Gruppe in ähnlicher Weise von mir abhängig, warf mir vor, ebenfalls angesteckt zu werden, ja, verantwortlich sein zu müssen für mein Wohlbefinden.

Es wurde unklar, wer wen in der Hand hatte, wer wen nähren, aufmuntern, heilen, erlösen könnte. Sprache fühlte sich sinnlos an, Deutungen wurden mit skeptischen Gesichtern überprüft, als könne es sich um noch unbekannte Waffen handeln.

Unmerklich setzte ein Prozeß wechselseitiger Verachtung ein. Ich spürte, wie sich in einigen Supervisionssitzungen mit Kollegen, die mir sehr geholfen haben, meine Diagnostik verschärfte und aggressiver wurde. Ich fühlte mich beschädigt von der Gruppe und entwickelte zunächst eine schwer kontrollierbare, hochmütige Distanz, hinter der sich aber ein kaum erträglicher Verlust jeglichen Kompetenzgefühls verbarg. Schlimmer noch, ich fing an, mich auch menschlich wertlos zu fühlen. Aus einer therapeutisch nutzbaren Gegenübertragung war eine massive Übertragung meinerseits auf ein äußerst ungnädiges, ablehnendes, sich verweigerndes Teilobjekt ge-

worden. Mit therapeutischem Grausen spürte ich, wie mühsam nur eine Verstrickung in wechselseitige Beschuldigungen zu umgehen war und nicht immer umgangen wurde.
Der Zusammenhalt der Gruppe, deren Auflösung ich zu fürchten und zu wünschen begann, blieb dabei unerschütterlich gewahrt, bis auf das Ausscheiden des sich gänzlich isoliert fühlenden Teilnehmers, der allerdings erst gegen Ende der mehrmonatigen Phase, inmitten eines allgemeinen Aufatmens, austrat. Dabei spielte ohne Zweifel eine Rolle die haltende Funktion des Raumes, die Regelmäßigkeit, aber auch die von mir immer wiederholten Hinweise auf frühe Familiensituationen, auf frühe, präobjektale Bindungen, auf Zustände zwischen Symbiose, Individuation, Verschmelzung und kontinuierliche Verschiebung von Selbstanteilen und einem Wogen von projektiven Vorgängen.
Die Deutungen lichteten aber selten die zunehmende Verwirrung, vor allem dann nicht, wenn sie im wesentlichen meiner Selbstrettung dienten oder gar Trübungen aggressiver, belehrender oder vorwurfsvoller Art enthielten. Es kann ihnen höchstens noch eine Hintergrundfunktion zugekommen sein, in dem Sinne einer bestehen bleibenden Hoffnung, dies alles könnte irgendwann wieder verstehbar *werden*.
Am quälendsten für alle Beteiligten war das Versickern spontan geäußerter Gefühle. Selbst die anfänglich immer wieder aufgeflackerte Geschwisterrivalität wurde begraben unter einem allgemeinen Nicht-aufeinander-reagieren-Können. Jede Initiative eines Einzelnen verhallte in peinlichem Schweigen. Einer spürbaren Gier jedes Einzelnen nach ausschließlicher Zuwendung von mir entsprach ein allgemeines, lauerndes Überwachen jeder Geste, die eine besondere Beziehung zu mir ausgedrückt

hätte. Einzelne Mitglieder, die früher sich sowohl werbend wie wütend hatten zeigen können, wurden als Streber und Überläufer zurückgepfiffen.
Allmählich stellten wir, nach kurzer Begrüßung, auch den Augenkontakt ein, bis auf versteckte individuelle Notsignale. Meine Bewegungen, ein Öffnen des Fensters, ja sogar Schneuzen oder Husten, verloren jede Unschuld und wurden belauert, registriert, mit mir unbekannten, unheimlichen Bedeutungen versehen. Zwischen den Teilnehmern schwand, bis auf bemühte, angestrengte Versuche, auf einen andern einzugehen, das Gefühl möglicher Solidarität. Der gelegentlich hämische Tonfall untereinander hörte sich eher nach wechselseitigen Vernichtungswünschen an. Immer wieder entstand ein Gefühl: wer lange genug schweigt und wartet, erlebt vielleicht den Tod der andern und kann endlich allein mit mir überleben. Jeder klammerte sich an die rückblickend paradiesisch erlebte Situation des individuellen Erstgesprächs. Es mehrten sich die Anrufe Einzelner und die Bitten um Einzelsitzungen, die ich in einigen Fällen auch gab, wenn die Not der Isolierung übermächtig zu werden schien. Die Gruppe, die immer informiert wurde, gestand es den wenigen zu, die sagten, sie hätten sonst durchgedreht. Die Bewegung zu Einzelgesprächen hörte aber sehr rasch wieder auf, als sich herausstellte, daß sich für den Einzelnen in der Gruppe dadurch gar nichts änderte.
Über einige Wochen hatte ich das Gefühl, es sei das höchste Ziel der Gruppe, mir ihre Macht zu beweisen und mich zur Strecke zu bringen, durch eine Art emotionales Aushungern. Umgekehrt fühlte sich die Gruppe ausgehungert und entwickelte, da ich selbst starrer und karger wurde, das Gefühl, in Ungnade gefallen zu sein. Es war dieser Zustand allgemeiner wechselseitiger Un-

gnade, in der jedes positive Zeichen eine Gefahr noch größerer Zurückweisung darstellte, der das Zentrum der Verwirrung ausmachte. Der Therapeut lebte in dem Gefühl eines drohenden Bankrotts, das ihn ohne Zweifel schwerer durchschaubar und sicher wenig warmherzig und zuversichtlich erscheinen ließ. Er erschien den Teilnehmern als »getarnt«, »gefühlskalt«, »unbeteiligt«, was dazu führte, seine positiven Reserven noch weiter zu verringern. Seine Angebote waren immer »unzureichend« und wurden es zunehmend in der Realität der Gruppe. Schließlich verfiel er dem Selbstmitleid und saß gelegentlich da wie eine äußerst dünnhäutige, bei der nächsten Kränkung vermutlich platzende Leberwurst, starr, beschämt und in der Gewißheit, viel kränker als die Gruppe zu sein. Einzig die Kontinuität der Gruppe gab einen gewissen Halt. Selbst wenn die Sorge um den Zusammenhalt der Gruppe nur noch in negativen Befürchtungen geäußert werden konnte: »der ist uns leid«, »der bereut es, daß er mit uns arbeiten muß«, »der würde uns am liebsten auf den Mond schießen« – in solchen Wendungen kam doch deutlich genug der Wunsch nach gemeinsamem Überleben zum Ausdruck. Umgekehrt konnte die Gruppe gelegentlich äußern: »ohne ihn wäre es viel besser; wenn wir ihn nur loswären!« wobei der freie Ausdruck solcher Sätze für alle eine spürbare Entlastung brachte.

Gegenübertragung in der Supervision

Das Eingeständnis der eigenen Ratlosigkeit, sozusagen die Abdankung von den Funktionen einer wissenden, verstehenden oder mitfühlenden Führung, bereitete sich nur unter Qualen vor. Die Angst vor einer sadistisch erlebten Demütigung – »Na, seht ihr's jetzt, ich hab' ja von Anfang an gefürchtet, daß er nichts taugt!« – verzögerte das Eingeständnis, nicht weiterzuwissen, noch um einige Wochen. Dabei spielte mit, daß beratende Kollegen meinten, man dürfe eine solche Gruppe niemals die eigene Unsicherheit in ihrem vollem Ausmaß wissen lassen, man begebe sich damit in ihre Hand, überfordere sie und bringe sie in eine traumatische Lage. Dies alles leuchtete mir auch ein, ließ mich aber in dem Gefühl zurück, ich müsse in mir etwas für mich und die Gruppe Elementares überspielen. Obwohl ich jahrelang analytische Gruppen geleitet hatte, waren mir Hilflosigkeit und Verwirrung in dieser Tiefe und zeitlichen Dauer noch nicht begegnet. Die eigenen neurotischen Anteile lagen auf der Hand. Es schien mir unredlich, sie zu leugnen, da doch offensichtlich war, daß die Gruppe meine Blässe, Starrheit, Schweißausbrüche, die Tonlosigkeit der Stimme registrierte. Ich klammerte mich an fast magische Hoffnungen, daß totale Aufrichtigkeit zu einer Wendung führen müßte, bis ich spürte, daß diese totale Aufrichtigkeit wiederum einem durch die Gruppe in mir mobilisierten inneren, frühmütterlichen oder religiösen Objekt galt, von dem man sich Gnade durch restlose Auslieferung erhoffen kann. Erst nachdem dies im kollegialen Gespräch geklärt war, konnte ich in etwas besserer Dosierung und ohne Selbstaufgabe über meine Verwirrung, Ratlosigkeit und Resignation sprechen. Das »Geständnis« zog sich allerdings über einige Wochen hin, es kam aus mir nur portionsweise heraus und konnte auch nur portionsweise verkraftet und verarbeitet werden.

Es gab bittere, höhnische, gramvoll zynische Kommentare: das hätte man schon lange befürchtet, daß ich mich übernommen hätte; ob ich es nicht selbst blöd und unverschämt fände, ein solches Sortiment von schwer Gestörten zusammenzustellen; mir fehle wohl jedes Augenmaß; ich sei doch nicht der liebe Gott: »Haben Sie nicht vorher überlegt, daß Sie uns gar nicht verkraften können!« Es sei ja beängstigend, wie leichtfertig ich gehandelt hätte; oder würden sich keine »normaleren« Patienten bei mir melden? Inmitten des gemeinsamen Gefühls, schicksalshaft in einer entsetzlichen Symbiose zusammenzugehören, gab es doch fühlbare Entlastung, manchmal auch befreiendes Gelächter, wenn einzelne Teilnehmer mir das groteske Ausmaß meiner Inkompetenz vorhalten konnten.

Ein zweiter, verwandter Vorwurf war der des kaltschnäuzigen Materialsammelns für Wissenschaft und Publikation; ein dritter der des halbherzigen, leichtfertigen Hobbytherapierens neben der publizistischen Tätigkeit.

Dabei wurde, neben den eher progressiven, bösartigen, zynischen oder eher heiter-frechen-kraftvollen Einwänden etwas von einer Ur-resignation spürbar, die sich am besten in den Satz fassen ließe: nun haben wir also auch mit unserem Therapeuten, wie schon oft im Leben, abgrundtiefes Pech gehabt. Dieses Gefühl konnte in der Gruppe so stark werden, daß es schien, als hätten wir zusammen überhaupt kaum noch eine Chance, etwas Gutes miteinander auszurichten. Wir schienen eine Sammlung von Gescheiterten. Vorübergehend hatte ich Angst, die nach außen getragenen Kommentare der Gruppenmitglieder könnten mich im Kreis der Kollegen massiv diskreditieren; es könnte Suizidversuche geben (was auch eine Gruppenbefürchtung vorübergehend wurde); oder es wurde befürchtet, ich könnte mich umbringen.

Es gab kein greifbares Arbeitsbündnis mehr. Mich loszusein, versprach zwar Erleichterung, war aber nur eine entlastende Phantasie. Das Gesetz unserer Bindung lautete viel eher: Wenn man sich trennt, ist man verloren, und wenn man zusammenbleibt, ebenso. Die Verwirrung hatte ohne Zweifel mit einem ständigen Verschieben von Anklage und Schuld zu tun. Es war nicht mehr klar, wer was angerichtet hatte und wem was angetan wurde. Scharfe Angriffe galten den in mir als riesig phantasierten Größenvorstellungen, die zerstört werden mußten. Der drohende Ausgang: daß ich genauso elend dran sei wie die Teilnehmer und schon deshalb von mir nichts mehr zu erwarten sei, war ebenso schreckend wie die Phantasie, Spielzeug einer unbegreiflichen Macht zu sein. Denn es war selbstverständlich, daß die Gruppe annahm, daß Stimmung, Klima, Ohnmachtsgefühl und Lähmung, kurz, das Übertragungsgeschehen, von mir gesteuert oder mindestens steuerbar sei. Gerade meine Ratlosigkeit machte mich unerkennbar und rückte mich näher an eine unerforschliche, unberechenbare Gottheit.

Auch meine guten Erfahrungen mit Psychodrama und Rollenspiel in Phasen, bei denen sich negative Übertragungen kumulativ gegen das Arbeitsbündnis richten, halfen in dieser Phase nichts mehr. Die Teilnehmer fühlten sich bedrängt, zu Leistungen genötigt, aus der wenn auch schlimmen Übertragungsrealität »weggeschickt« zum Spielen.

Hinter Verzweiflung und Bitterkeit über die ausbleibende »Heilung«, die als Erlösung, nicht als konkrete gemeinsame Arbeit phantasiert wurde, konnten einzelne Teilnehmer aber allmählich auch mit der Ratlosigkeit des Therapeuten etwas anfangen, zumal als wir sie einfach von Woche zu Woche überlebten. Ein Prinzip ging langsam zugrunde: daß sie in jedem Moment geführt, gesteuert, bestimmt sein müßten, daß der Zwang zum falschen Selbst, zur Verhüllung alles Triebhaften, aller narzißti-

schen Zustimmung zu sich selbst Grundlage auch unseres Zusammenseins seien.
Zwischen den beratenden Kollegen und mir spielten sich Vorgänge ab, die man als analog denjenigen ansehen kann, die möglicherweise, explizit oder unterschwellig, zwischen den Eltern der Gruppenteilnehmer stattfanden: nämlich Streit darüber, wieviel man vor den Kindern von der schweren Erkrankung der elterlichen Beziehung, der Labilisierung eines Elternteils oder der totalen pädagogischen Verunsicherung eines oder beider Eltern durchscheinen lassen soll. Denn das elterliche *Schweigen*, durch wachsende Schuldgefühle noch verschärft, führt zu einer starken emotionalen Verunsicherung der Kinder: sie wissen nicht mehr – neben ihren ohnehin vorhandenen Zweifeln, ob sie als eigenständige Wesen erwünscht sind –, ob ihre Wahrnehmungen stimmen oder sie in zunehmendem Maße einfach Spielball der Tarnmanöver der Eltern werden. Ohne Zweifel ist eine zu frühe Konfrontation mit der elterlichen Unzulänglichkeit traumatisch. Auf der anderen Seite bilden die undurchschaubaren Fronten, der Gegensatz von Fassade und verdecktem Abgrund, ebenfalls ein kumulatives Trauma, das die Phantasien über die zu verbergenden elterlichen Beziehungen und Kompetenzen destruktiv auflädt. Eine selbstzerstörerische Identifikation mit der starr durchhaltenden Mutter wird dann zum oft einzigen Halt, wenn sich nicht außerfamiliäre Figuren anbieten.
An dem Maß meiner Angst vor dem Eingeständnis der Ratlosigkeit und Verwirrung ließ sich ablesen, mit welcher Wucht und Angst die Eltern an der Fassade und Tarnung einer Scheinkompetenz festhielten, um den phantasierten totalen Zusammenbruch zu vermeiden. Während die, wohlgemerkt dosierte, Offenlegung von

Imkompetenz zwar in ihren Folgen nicht berechenbar ist und Angst macht, weil sie den Kindern ein vorzeitiges Erkennen von Einsamkeit und partiellem Nicht-Gehalten-Sein aufzwingt, führt die Fortführung der Tarnung vielleicht vor ein weit schwerwiegenderes Problem: viele Kinder werden insgeheim gezwungen, das undurchschaubare Elend ihrer Eltern mitzutragen. Bleibt die Tarnung erhalten, dann erfolgt dieses Mittragen, das einer Ausbeutung gleichkommt, unter den Bedingungen der Heimlichkeit, ja der Lüge. Das Kind kann sich dann also weder der Grenzen der elterlichen Kompetenz vergewissern noch bekommt es ein Gefühl dafür, daß es tatsächlich beachtliche psychische Leistungen erbringt. Es wird benutzt und darf doch dieses Benutzt-Werden nicht erkennen. Ja, es kann zum angstbesezten Verfolger werden, weil die Eltern (der Therapeut) das Durchschautwerden dauernd fürchten müssen.
Eigenständiges Fühlen und Denken nehmen so immer mehr die gefürchtete Gestalt von zerstörerischen Aktivitäten an, die den familiären Zusammenhalt gefährden. Die Intensivierung der Abwehr bis hin zur gemeinsamen Erstarrung schützt eine utopische, real aber unzugängliche Kommunikation. Eltern und Kinder oder Therapeut und Teilnehmer sind in eine weit über ihre personale Mächtigkeit hinausgreifende Verstrickung einbezogen. Die Mutter bleibt ein mächtiges Objekt, wird aber selbst als von undurchschaubaren Mächten abhängig erlebt; ebenso der Therapeut als von der Gruppe abhängig und gleichzeitig die Gruppe lähmend. Am wenigsten helfen in einer solchen Situation Deutungen, die die Existenz abgegrenzter Objekte voraussetzen, also den noch nicht geleisteten Prozeß der Individuation und Separation bereits vorwegnehmen. Hilfreicher sind Deutungen der Stimmung oder genetische Phantasien über Mutter-

Kind-Beziehungen, die das psychoanalytische Wissen (etwa die Erkenntnisse von Mahler) durchaus einbeziehen können. Greifen werden die Deutungen ohnehin erst nach einer Entkrampfung des angstvollen Belauerns. Die meisten Patienten stammen aus Familien, in denen eigenständige Regungen als unerwünscht, gefährlich, ehebedrohend galten, oder aus Familien, wo durch faktische Scheidung oder einen massiven Dauerkonflikt die emotionale Eigenständigkeit immer an eine der Elternfiguren, meist die Mutter, verraten werden mußte, oft verbunden mit dem Zwang, den »feindlichen« Vater zu entwerten. Oder die ersehnte Beziehung zum Vater führte zu einer wie immer gearteten Feindschaft zur Mutter. Manche Familien schienen ohnehin von einer großen Lebensangst gedrückt, dazu von Krieg und Nachkrieg.

Meine nicht nur eingestandene, sondern greifbare Ratlosigkeit fing, neben einem traumatischen Aspekt, auch an zu bedeuten: er will wirklich nicht dauernd über uns bescheidwissen, uns lenken, sich besser in uns auskennen als wir, sich unsere Gefühle sofort aneignen, uns unmerklich überschwemmen, für sich verwenden, einverleiben, Loyalität erzwingen. Die Verwirrung hatte nicht zuletzt mit einer gemeinsamen Regression auf einen Punkt zu tun, wo das Kind nicht mehr weiß, ob es aus eigener Lebendigkeit existiert oder das abhängige Geschöpf eines selbst sehr bedürftigen, depressiven oder sich verlassen fühlenden mütterlichen Objektes ist, von dem es zudem wie ein Behälter für unbrauchbare oder allein nicht aushaltbare Gefühle benutzt wird; einem Punkt der Schwächung des Selbst oder des Ich, der es durchlässig macht für Delegationen aller Art. Lebendigsein wird dabei zur nahezu tödlichen Gefahr, weil es Anlaß und Stoff zur familiären Deformation lieferte.

Eine frühe, zur Verwirrung beitragende Form der Abwehr war es also: mich als den zur Lebendigkeit führenden Therapeuten selbst lahmzulegen. Denn Lähmung und Verzicht auf Initiative waren das Vertraute, Sichere. In meinen wertvollsten Eigenschaften war ich also gefährlich. Kein Vater hatte sicheren Schutz vor der instabilen, klammernden Mutter geboten, und der Schutz der Mutter vor dem Vater mußte erkauft werden durch Verzicht auf Individuation und Lebendigkeit. Bestenfalls hatte das Kind noch gemeinsame narzißtische Phantasien der Eltern zu erfüllen, die ihrerseits wieder einen nicht ausgetragenen Konflikt überbrücken sollten.
Zwei Gefahren ließen die Teilnehmer im wesentlichen so hartnäckig ihre Mitarbeit verweigern, die sich allerdings erst gegen Ende der Phase der Verwirrung aufhellten. Erstens die unbewußten Größenphantasien. Über sie war im bisherigen Verlauf höchstens in scheuen Andeutungen gesprochen worden. Nach dem Ausscheiden des »isolierten« Teilnehmers, der am eindeutigsten an unerfüllbaren Genieforderungen zu leiden schien, brachen sie in einer einzigen Sitzung auf, teils unter erheblicher Scham, teils mit zunehmend freundlichem Gelächter, als die neun Varianten des geheimgehaltenen Größenselbst vereint auf dem Papier standen. Ein Teil des passiven, hartnäckigen Wartens, mit dem die Gruppe ein gutes Drittel ihrer Zeit verbracht hatte, galt nämlich der Hoffnung, daß ich, wie ein therapeutischer Aufwind unter dem Ballon des Größenselbst, doch noch zu dessen Realisierung beitragen könnte. Die Unerfüllbarkeit dieses Größentraums, der schwerer einzugestehen ist als andere Symptome oder Defekte, erklärte zum Teil auch die gelegentlich vernichtende Kritik an mir und das vorwurfsvolle Gekränktsein, das doch nicht formulierbar war.

Zweitens: Ein weiterer Grund, die Mitarbeit zu verweigern und Deutungen als gefährlich sofort wieder auszuscheiden oder zu überhören, war die Angst vor dem real großen, in der Phantasie natürlich noch viel größeren Maß fortbestehender Identifikation und Angleichung an die Mutter, der man sich bewußt lebenslang doch so unähnlich wie möglich hatte zu machen versucht. Dies ist in der Tat eine der demütigendsten Erkenntnisse für jeden Patienten: die Wiederkehr des Verhaßten in der eigenen Person. Auch hier war ich, im umgekehrten Sinne wie bei der Entdeckung der nicht realisierbaren Größenphantasien, der Feind, der eine für die Teilnehmer manchmal schier unannehmbar dürftige Bilanz lebenslanger Abgrenzungsmühen offenlegte.
In der schmerzhaften Gegenübertragung war ich das gelähmte, als lebendig nicht gewünschte Kind gewesen, hatte die Gruppe als lähmende Mutter erlebt, die von mir das Opfer therapeutischer Eigenständigkeit zu fordern schien. Entweder war also ich übermächtig in der Rolle der Mutter oder verführerisch-ohnmächtig in der des Vaters, oder die Gruppe war lähmend-übermächtig. Doch beides durfte nicht »gewußt« werden, weil das Quantum des verborgenen Hasses noch so unheimlich war; weil nicht erforscht war, ob der Haß, wenn er sich nicht mehr als vorwurfsvolles Leiden verstellte, aushaltbar war oder in totale Isolierung führte. Erst die vollkommene Anerkennung meiner Lähmung und Ratlosigkeit machte sowohl die Position des Kindes wie der Eltern für die Einfühlung wieder zugänglich.
In späteren Sitzungen konnte auch das Problem der Identifizierung mit abgelehnten Teilen der Mutter (oder des Vaters) angegangen werden. Das Ausmaß der von manchen mitgeschleppten, symbiotisch-haßerfüllten Bindung wurde sichtbar. Vorübergehend waren die

Gruppe als Ganzes und der Therapeut eine Art klebriger Teer gewesen, mit dem man bedeckt war, gelähmt zwischen dem Wunsch nach Fortdauer einer erstickenden Symbiose und einer nur als Katastrophe vorstellbaren Individuation.

Damit soll der hier skizzierte Verlauf einer krisenhaften Phase der Verwirrung weder dramatisiert noch die Haltung des Therapeuten als »Abdankender« idealisiert oder gar empfohlen werden. Sie war der einzig möglich scheinende Ausweg aus einer Verstrickung, die produktive Gegenübertragung in schiere Übertragungspanik verwandelt hatte. Vermutlich, und auch hoffentlich, braucht man einen solchen Weg des eingestandenen Bankrotts nicht allzuoft gehen. Die phantasierten oder erhofften Möglichkeiten des Therapeuten hätten sich auch auf mildere, kontinuierlichere Weise relativieren lassen. Man muß allerdings, so scheint es, in manchen Gruppen mit zahlenmäßig überwiegenden früh-gestörten Patienten damit rechnen, daß sich unbewußte Phantasien und Befürchtungen und die gegen sie gerichtete Abwehr in einer Weise kumulieren, die den Prozeß verbal fast unansprechbar macht. Und nur das »Überleben«, verbunden mit einigen auch physisch eindrucksvollen Erlebnissen zur eigenen Person und zur Person des Therapeuten, vermögen einen Boden für die Revision einer mißlungenen Individuation und Separation und eine Ermutigung zu einem lebendigeren Selbst zu schaffen. Elternfiguren, die einmal hätten eingestehen können: hier weiß ich nicht weiter, ich bin mit meinem Latein am Ende, tauchen dann wie von selbst vorübergehend als Wunschphantasien auf. Ein Charakteristikum der meisten Familien der Patienten war eine hochgradige Unaufrichtigkeit und Maskenhaftigkeit. So überzogen man das Maß der Offenlegung, ja überhaupt des Erlebens der eigenen Grenzen in dieser Phase finden mag, so erschien hier die Offenheit weniger traumatisch und letzten Endes sogar förderlicher als ein gewisses Maß von Vertuschung, das in einem viel späteren Stadium, soll wirklich freies Sprechen und Fühlen möglich werden, ohnehin bearbeitet werden muß. Denn diese Patienten sind übersensibel, was Unaufrichtigkeit angeht. Die Erbarmungslosigkeit, mit der sie mich aufs tote Gleis schoben, spricht für das Elend, dem sie selbst ausgesetzt waren.

Zwischen Gruppe und Therapeut war jede Solidarität verloren gegangen, weil die projektiven Phantasien das Feld beherrschten. Erst die sichtbare, gemeinsam »überlebte« Hilflosigkeit des Therapeuten ermöglichte wieder einen Zugang zu den eigenen Schwächen. Die tiefsten Probleme, die jeden beschäftigten, kamen ohnehin erst nach Abschluß der Verwirrung zur Sprache, nachdem sich auch die Solidarität unter den Teilnehmern wieder gefestigt hatte und sie immer wieder staunten, was hinter der zähen, hämischen, wechselseitigen Entwertung an *Sympathie* zum Vorschein kam. Sie erst erscheint mir der Boden, auf dem die Arbeit an Geschwisterproblemen und an den anderen, eher »klassischen« Gruppenübertragungen möglich wird.

Die Theaterszene mit dem Autor erwies sich als eine nahezu bewußtlose, schmerzhafte Vorarbeit für die schwierigsten Monate meiner ganzen analytischen Tätigkeit. Die Phantasie vom beschämenden Ende meiner Eignung zum Gruppentherapeuten war vorweggenommen und ließ erst Wochen später nach. Ohne kollegiale Unterstützung hätte ich vielleicht die Arbeit mit dieser Gruppe aufgegeben. Freilich setzt die Möglichkeit, mit solchen Verwirrungen Rat zu suchen, Vertrauen und eine manchmal nur mühsam zu erarbeitende Offenheit voraus.

Erste Nachschrift: Ein Jahr nach der Krise der Verwirrung (1982)

Die Gruppe ist erhalten geblieben und hat ihre Arbeit fortgesetzt. Der Fortschritt in der Bewältigung der kollektiven symbiotischen Verklammerung kam durch einzelne Mitglieder, denen es nach dem spürbaren, vorübergehenden Ende der Kompetenz des Therapeuten möglich war, den entstehenden Freiraum zu nutzen zum Erwerb des Rechts auf eigene Initiative, Abgrenzung, Kritik, vor allem aber nach einer konkreteren Form der »Benutzung« des Therapeuten: sei es als Hilfs-Ich bei Rollenspielen, in denen die Verstrickung mit den ursprünglichen Objekten angegangen werden konnte, sei es durch einige Formen des Agierens in der Gruppe oder draußen, durch die die Funktion von Deutung und Einsicht allmählich wieder einen Stellenwert bekam.

Dabei spielten vor allem Situationen eine Rolle, bei denen es in der Konfrontation mit der Mutter buchstäblich zu Momenten totaler Sprachlosigkeit kam: gegenüber der vorgestellten Mutter blieben, in Angst, Panik und Verwirrung, die Worte auch zur Formulierung von Wünschen, Aggressionen, Beziehungsklärungen aus. Vor allem durch das im Psychodrama geläufige »Doppeln«, bei dem andere Mitglieder dem sprachlos gewordenen Teilnehmer »einsagen«, d. h., sich mit ihren eigenen Gefühlen als Souffleure zur Verfügung stellen, kam es zu Fortschritten. Aber auch in aktuellen Situationen konnten zunehmend Spannungen gefühlt und ausgetragen werden. Für manche Teilnehmer wurde so überhaupt erst spürbar, daß sie sich tatsächlich stumm einer als allwissend phantasierten Führungsmacht des Therapeuten ausgeliefert hatten, diese aber durch Gegenmaßnahmen aus Angst vor der symbiotischen Verschmelzung ebenso blockierten. Die Gruppe zerfiel vorübergehend in Fraktionen: die Wartenden und diejenigen, die therapeutische Hilfe bei der Entfaltung von Initiative annehmen konnten. Wieder andere erprobten in ihren Außenbeziehungen autonomere Formen der Selbst-Äußerung, zunächst mehr oder minder heimlich, später zunehmend mit der Möglichkeit, die Gruppe zu beteiligen ohne die Angst, die gewonnene Freiheit sofort wieder weggenommen zu bekommen. Rückfälle in die Atmosphäre der hilflosen Lähmung, die auch für den Therapeuten jedesmal wieder schwierig waren, gab es vor allem, wenn einzelne Mitglieder, die Exponenten des Lebendigwerdens waren, fehlten. Dann wirkte die Gruppe wie »enthauptet« und ihrer als »Vorarbeiter« benutzten Delegierten beraubt.

Zweite Nachschrift: Zwei Jahre nach der Krise (1983)

Die Gruppe gedeiht zufriedenstellend. Eine Diskussion dieses Aufsatzes mit Kollegen hat meine Überlegungen zum Verlauf der Gruppe bereichert und mir an einem besonders schwierigen Punkt neue Verständnismöglichkeiten erschlossen. Das erste Jahr, in dem ich wie gewohnt eine deutende analytische Haltung einnahm und das zu der lähmenden, vorwurfsvollen, erstarrten Haltung des Schweigens und Absterbens führte, in dem ich schließlich selbst, über eigene Stadien des Vorwürfe-Machens und des resignierten Mit-Wartens, in die schmerzhafte Inkompetenz-Position geriet, läßt sich besser verstehen, wenn man folgendes bedenkt: da einige der Teilnehmer bereits unbefriedigende oder gar bittere Therapie-Erfahrungen hinter sich hatten, die übrigen ebenfalls zum Teil sehr resigniert waren in bezug auf eigene Lebensmöglichkeiten, bildete sich, weitgehend unbemerkt, eine tief unbewußte magische Rettungsphantasie, die sich, weitab von meiner realen Kompetenz, an meinen Namen als Autor psychologischer Bücher knüpfte. Aus einer Reihe von Gründen, auf die ich noch eingehen will, ist dies jedoch nicht leicht zu thematisieren und aufzuarbeiten.

Zunächst will ich darauf verweisen, daß dies kein individuelles Phänomen ist, das nur mir gelegentlich die therapeutische Arbeit verkompliziert. Magische, von der Real-Person und der Real-Kompetenz abgehobene Hoffnungen bilden sich, vor allem in Gruppen, oft dort, wo ein öffentliches Amt des Leiters, ein Professorentitel, eine Ober-Arzt-Funktion, die Rolle eines Klinikchefs oder auch die Lehr-Analytiker-Rolle sich für eine solche »Besetzung« eines von der therapeutischen Alltagsarbeit und dem bewußten Arbeitsbündnis abgehobenen Symbols anbieten. Das Symbol gewinnt eine Garantiefunktion, die die Teilnehmer von der Durcharbeitung der Konflikte unbewußt befreit: erstens weil sie als katastrophenträchtig gefürchtet wird, zweitens weil der deus ex machina ein besseres Ergebnis in der Form magischer Teilhabe verspricht. So sprach eine Therapiegruppe bei einem sehr erfahrenen älteren Kollegen, bei der ich über einige Zeit durch den Einweg-Spiegel zuschauen konnte, über Jahre vom Leiter nur als vom »Professor«, und sobald er eintrat, verbreitete sich eine Stimmung, die aus Hilflosigkeit, Verstocktheit und religiöser Erwartung zusammengesetzt schien.

Allerdings schiebt sich in jedem Fall noch einmal ein besonderer Widerstand gegen die Aufdeckung der magischen Erwartung ein. Ein Ziel der Gruppe, das ich weiter oben erwähnte, nämlich die *in mir* vermuteten Größenvorstellungen zu zerstören – was sie nicht anders als durch passives Nicht-Gedeihen, ja durch erstarrtes Verkümmern tun zu können wähnte –, basiert auf einer Verschiebung einer wichtigen unbewußten Phantasie im Lauf der therapeutischen Progression. In dem Maße, in dem die Gruppe von magischen Hoffnungen Abschied nimmt, kann sie das zunächst nicht in Form einer mit Trauer verbundenen Trennung von diesen religiösen Hoffnungen tun, sondern sie fühlt sich ja genarrt und betrogen und reagiert mit Wut, oder zunächst mit der Angst vor dieser Wut. Bevor jeder Einzelne sich seiner unbewußten Wundergläubigkeit voll bewußt werden kann, sucht er ein Objekt, das ihn »betrogen« hat, indem es, »in maßloser Selbstüberschätzung«, den Wunderglauben erst einmal in die Welt gesetzt hat. Vorübergehend wird also auch am Therapeuten, dessen »Größenwahn« bekämpft werden muß, eine religiöse Ur-Enttäuschung abgehandelt, deren Gehalt man mit dem Satz umschreiben könnte: »Warum hast du uns überhaupt geschaffen (zusammengerufen) und damit unsere Hoffnungen auf Erlösung noch einmal geweckt, die doch fast schon begraben waren?«

Dritte Nachschrift: 1984

Je länger ich über die Gruppenkrise nachdenke, für desto wahrscheinlicher muß ich es halten, daß eine eigene depressive Verstimmung Anstoß und Mitursache für die tiefe Entmutigung und Erstarrung der Gruppe war. Die Überzeugung, daß ich in den eigenen Therapien selbst gelegentlich sensitiv auf Schwankungen im Lebensgefühl meiner Therapeuten reagiert habe, läßt es mir plausibler erscheinen, ich hätte durch eine weniger zuversichtliche Ausstrahlung die Regression auf ein Stadium tiefer Resignation, verbunden mit einer Hinwendung zu magischer Hoffnung, mit in Gang gesetzt. Dies ändert nichts an den diagnostischen und psychodynamischen Überlegungen. Die seismographische Reaktion auf die depressive Mutter oder ein depressives Familienklima war sicher abrufbar, aber die innere Realität des Therapeuten spielt bei der hohen, unbewußten Sensibilität der Patienten ohne Zweifel eine auslösende Rolle. Die Eskalation folgt dann vermutlich eigenen Gesetzen und wird genährt durch die oft übermächtigen Kräfte der projektiven Identifikation, in deren Strudel ich selbst geriet. In der Tiefe wirken dann Gefühle, die sich um real ausgesprochene, phantasierte oder unbewußte Sätze in den Ursprungsfamilien der Patienten oder in meiner eigenen Vorgeschichte gruppieren: »Warum habe ich dich bloß geheiratet«, »Warum habe ich nicht abgetrieben«, »Wie konnte Gott mir das antun«, »Ausgerechnet jetzt noch ein Kind« oder »Jetzt müssen wir schon wegen der Kinder zusammenbleiben«, oder »Du verstehst mich sowieso nicht« usw. Die Mütter richten dann, im Bedürfnis nach Entschädigung, auch magische Hoffnungen an das Kind, erzwingen eine verfrühte Sensibilität und Rücksichtnahme auf ihre Stimmungsschwankungen, genau so, wie ich dann die Gruppe für mein Lebensgefühl verantwortlich zu machen begann. Ein nicht sehr angenehmes Eingeständnis: der betretene »hilflose Helfer«.

Die Anschaulichkeit des Unbewußten
Eindrücke der psychomotorischen Therapie von Al und Diane Pesso

Schon bevor ich die Bostoner Therapeuten Al und Diane Pesso selbst kennenlernte, übernahm ich, ermutigt durch wechselseitige Supervisionsarbeit mit einem Schweizer Psychoanalytiker-Kollegen, der bei ihnen in Ausbildung ist, wichtige Elemente in meine eigne Arbeit mit Gruppen. Hauptstichwort ist, vor aller Konkretisierung, die mögliche Aufspaltung der frühen inneren oder äußeren Objekte in gute und böse Anteile und der Versuch, einen Neubeginn des seelischen Wachstums unter dem Schutz idealer Eltern einzuleiten. Die Nähe zu Balints »Neubeginn« ist hier sowohl atmosphärisch wie theoretisch gegeben.

Ich habe die Pessos dann an zwei Wochenendseminaren erlebt, zusammen mit vierzig vorwiegend analytisch orientierten Kollegen. Die Pessos arbeiten, wie die Analytiker – aber dies mag Zufall sein –, im 50-Minuten-Takt. Zehn Minuten vor dem Ende einer Sitzung, das aber nicht rigide gehandhabt wird, ertönt ein feines Klingelzeichen, das den Therapeuten wie den Protagonisten in einer Gruppenszene auf die zeitliche Limitierung hinweist.

Die Seminare selbst beginnen mit einer theoretischen Einführung und mit gemeinsamen Übungen im sogenannten »Akkomodieren«. Wenn ein Protagonist in einer »Struktur«, so werden die aufgebauten Szenen genannt, auf der Suche nach seinen negativen Gefühlen ist aus bewußten oder längst verdrängten Verletzungen, dann erweist es sich als äußerst hilfreich, wenn der oder die Mitspieler in den »negativen« Rollen auf Vorwürfe, Wut, Haß oder Verachtung mit Gesten und Lauten des

Getroffenseins reagieren. Dies ermutigt den Protagonisten, zu den oft nie geäußerten, ja ihm unbekannten Gefühlen zu stehen, sie weiter zu explorieren. Der Protagonist trägt in sich ein unbewußtes Bild über die erhoffte Wirkung seines negativen Affekts, und sein Gesicht erhellt sich unverkennbar, wenn er, nach einer Strecke des Suchens, des Erprobens im Ausdruck seiner Gefühle, eine angemessene Wirkung erzielt. Die gemeinsamen Übungen im negativen Akkomodieren verschaffen der Gruppe zudem einen emotionalen Zusammenhalt.

Die negativen Affekte richten sich ausdrücklich nicht gegen die realen Eltern, sondern gegen deren als isoliert gedachten bedrohlichen Seiten.

Die Vorübungen mit den »idealen Eltern« dienen der Auslotung eines neuen, unbekannten Spielraumes mit Figuren, die nicht die idealen Anteile der wirklichen Eltern repräsentieren, sondern quasi archetypische Idealgestalten, bereit, sich auf die verschütteten Ur-Bedürfnisse einzulassen, damit sich die »Neue Landkarte« einer positiveren Selbst-Entwicklung in Umrissen abzeichnen kann. Alle Mitspieler stehen, anders als im Psychodrama, ganz im Dienste des Protagonisten. Er darf sie so lange korrigieren, herumschieben, führen (mit Hilfe des empathisch mitgehenden Therapeuten), bis im Nebel des Unbewußten ein stimmiges Bild einer idealen, bisher nicht einmal erträumten Reaktion entsteht. Ein rituelles Moment, das aber für die Orientierung des regredierenden Protagonisten wichtig ist: er lädt die Mispieler zu den einzelnen Rollen ein; sie bieten ihm an, eine negative oder ideale Rolle oder einen Gegenstand, eine innere Stimme, einen Selbstanteil zu spielen. Nach der Struktur verabschieden sie sich förmlich aus der Rolle und dem Kontrakt und betonen wieder ihre Eigenständigkeit. Der Protagonist in einer »Struktur«, der sich ja unter Um-

ständen auch auf intrauterine, perinatale oder schutzlos säuglingshafte Situationen einläßt, darf sich also sicher fühlen, daß seine Regression nicht durch spontane oder konflikthafte Eigenreaktionen der Mitspieler gestört wird. Das kann für die andern, die ganz im Dienst der Herstellung eines ideal-responsiven Milieus stehen, mitunter frustrierend sein; eine mögliche Anspannung löst sich aber meist im nachfolgenden »sharing«, dem emotionalen Austausch über das gemeinsam Erlebte.
Der Einstieg in eine »Struktur« geht entweder aus von aktuellen Gefühlen des Protagonisten, oft aber auch von den ihm selbst unbewußten Zeichen der Körpersprache. Einige Beispiele: dem Therapeuten fällt auf, daß der Klient ihn nicht anschauen kann; er mag in vorsichtiger Erweiterung mit Hilfe von Fragen, aber auch mit Akkomodationsangeboten, die noch unbekannte, dahinterliegende Szene zu verdeutlichen suchen. Es kann sein, der Klient hält unbewußt seinen Blick für so mörderisch, daß er die Augen senkt, um nicht zu töten; es kann aber auch sein, er ahnt seine übermächtige Sehnsucht nach augenblicklicher Verschmelzung und schaut auf den Boden, um nicht seine Konturen zu verlieren oder das »Objekt« ob seiner Gier augenblicklich zu verlieren. Das »Akkomodieren« erlaubt eine Überführung ins Anschauliche, und zwar viel rascher als etwa in einer Einzelanalyse, weil dort der Patient viel länger braucht, um an einer einzigen Person zu erleben, daß der Analytiker seine Ängste erfassen lernt und die Attacken überlebt. Hier sollen aber auf keinen Fall Therapie-»Geschwindigkeiten« verglichen oder Settings gegeneinander ausgespielt werden. Es geht um unterschiedliche Zugänge, bei denen die Gewichte zwischen Diagnostizierung, Evidenz, Schutz im Setting, Rollentrennung u.a., Übertragung versus Inszenierung anders verteilt sind. Doch weiter mit unserem

Beispiel: der Klient mit den gesenkten Augen kann auch unbewußt fürchten, der Therapeut (bzw. früher die Eltern oder andere) durchschaue bei Augenkontakt sofort seine sexuellen oder analen Phantasien und werde ihn strafen; oder an den Augen sei der unbewußte Größenwahn ablesbar und führe zu Vergeltungshandlungen; oder aber, bei mehr psychotischer Neigung: durch die Augen würden rasch und unkontrollierbar Selbstanteile ausgetauscht, der Klient könne sich nicht mehr wehren gegen magische Überschwemmung durch den Therapeuten, gegen Verhexung, Angriff, Vergiftung oder Auflösung. Die Varianten ließen sich vermehren, aber das Prinzip wird deutlich geworden sein: mit Hilfe akkomodierender Mitspieler wird eine differenzierte unbewußte Szene erarbeitet, wenn nötig, werden negative Affekte exploriert und ausgedrückt, und an Idealfiguren wird ein oft minimaler Neubeginn angedeutet oder schon ein Stück weit gelebt, zuerst in einem scheuen Aufflackern von Glück, manchmal in einem unbändigen Jubel, gefolgt oft von immenser Trauer über lange Versäumtes. Da der Patient die Affekte allein oft gar nicht ertragen kann, wird ihm, wenn er will, Halt angeboten, seelischer oder auch rein körperlicher Beistand. Einer oder mehrere Mitspieler bilden dann das, was Bion den »container« oder Winnicott die »holding function« genannt hat. Der Therapeut ist Begleiter zunächst auf einer Höllenfahrt, dann bei der Suche nach Ansätzen zu einer Neuorientierung. Er bleibt Hilfs-Ich, spontane und oft starke Übertragungsansätze werden, sobald sie klar genug spürbar sind, von ihm abgelöst und in die Szene eingebracht. Die Auswahl der Figuren, die vom Therapeuten unterstützte Regieführung über das eigene Unbewußte, stärkt gleichzeitig das Gefühl, die verlorengegangene Autonomie in der eigenen Psyche könne eines Tages

doch wieder zurückgewonnen werden.
Nicht immer findet ein Patient gleich Zugang zu für ihn wertvollen Funktionen idealer Eltern. Oft muß einer beginnen mit weit primitiveren oder ovjektferneren Substanzen: der Luft, dem Fruchtwasser, dem Erdboden, einer präobjektalen Körperwärme oder einem magischen Stoff, der ihn ernährt, wenn der Zugang zur nährenden Mutter verschüttet ist.
Gelegentlich fragten die Pessos, ob der Protagonist die Möglichkeit habe, das in der Intensität einer »Struktur« Erlebte in einer anderen, fortlaufenden Therapie aufzuarbeiten. Das veränderte sowohl in ihnen wie im Klienten den Mut, die szenische Exploration weiter zu treiben, als wenn nur die aktuelle Gruppe zur Aufarbeitung zur Verfügung stand. Es ist also kein Widerspruch, sich in einer Therapie oder Analyse zu befinden und in eine solche »Struktur« zu gehen, im Gegenteil. Dies führt zu der Frage der Kombination, der Ergänzung, der Anreicherung der therapeutischen Arbeit, eine Frage, die ich hier nicht vertiefen kann. Der Problemkreis kombinierter Verfahren ist ohnehin fast wissenschaftliches Neuland. Es gibt Pesso-Arbeit ebensosehr als Langzeit-Therapie wie als momenthafte szenische Fokussierung auf schwer zugängliche Konfliktlagen.
Das Schwergewicht bei den Ausbildungsseminaren liegt auf der Nutzung der Gruppe zur Herstellung einer ebenso emotionsstarken wie diagnostischen Evidenz. Die Pessos legen, da sie inzwischen vorwiegend mit Ausbildung beschäftigt und die Teilnehmer also eher mit intensiven Anstößen als mit einem kontinuierlichen Prozeß konfrontiert sind (der bei der regulären Ausbildung dann zum Teil in die kontinuierliche Arbeit der peergroup verlegt wird), besonderes Gewicht auf die trotz allem nutzbaren Möglichkeiten einer verinnerlichenden

Einpflanzung des Erlebten, damit es, einem Depotpräparat gleich, eine orientierende Wirkung auf die weitere Entwicklung nehmen kann. Der erlebte Konflikt wie die Umorientierung im Neubeginn richten sich sowohl an das emotionale wie das eidetische Gedächtnis. Die gefühlshafte Evidenz bleibt eingebettet in die Erfahrung der Anschaulichkeit des Unbewußten.

Hat der Protagonist seine negativen Phantasien des Tötens, die Angst vor der Auflösung, dem Durchschaut- und Gestraft-Werden mit der dazugehörigen Wut, dem Schmerz, der Verachtung usw. durchgespielt, so kann er an den idealen Eltern erleben, daß sie seine Wut nicht umbringt, daß seine Gier sie nicht ängstigt, daß sie seine ihm verrückt oder pervers erscheinenden Phantasien ertragen und verstehen, daß sie aber zueinander und zum »Kind« eine Haltung einnehmen, die die deformierenden Ersatzlösungen, die Symptome, die Charakterverbiegungen »potentiell« unnötig machen. Die ganze Gruppe kann, in Glück, Erleichterung oder Gelächter, angesteckt werden, wenn der Protagonist, vielleicht nach Jahren eines fast blicklosen Lebens, eintaucht in ein staunendes, tragendes, ihm fast grenzenlos erscheinendes Anschauen-Dürfen eines Objekts, das ihn weder straft noch überschwemmt, noch sich aneignet, noch verhext, noch mißbraucht, sondern einfach »schaut«. Es gibt dann vielleicht Minuten des schweigenden »Seins«, wie sie Winnicott hervorhebt, aber auch Momente des Übergangs vom nährenden Sein zu den unvermeidlich wartenden Konflikten. Seelische Nahrung, Unterstützung, Schutz und Grenzsetzung bezeichnen die Pessos als die elementaren Funktionen, die die Gruppe in der Regression bieten muß.

Die Begegnung mit Al Pesso und der zusammen mit seiner Frau Diane entwickelten psychomotorischen

Gruppentherapie hat mich fasziniert, bereichert, meinen Arbeitsstil verändert. Sie rüttelt nicht an meiner analytischen Identität, dafür haben sie ihre Methode zu lange an amerikanischen Kliniken in Zusammenarbeit mit analytischen Kollegen erprobt. Im Gegenteil: der Eindruck ist, daß ein großer Teil von unbewußten Konstellationen und Konflikten in Gruppenszenen anschaulich gemacht werden kann, wenn auch oft erst nach langer gemeinsamer Suche. Die Suche nach der im Unbewußten wirksamen, traumatischen Konstellation ist der gemeinsame Weg in der Gruppe. Das Ziel ist, den stehengebliebenen, verknäuelten Kräften neue Orientierung zu geben.
Was soll daran neu sein? Im Prinzip nicht viel, wenn es so allgemein bleibt. Was in den Pesso-Gruppen sichtbar wird, erinnert jeden an Fragmente aus dem Psychodrama, der Gestalttherapie, den diversen Urschreiverfahren, der Bioenergetik und anderes mehr. Und doch erscheint es mir wie eine fruchtbare Zusammenfassung aller Verfahren, getragen durch eine oft genug erschütternde Anschaulichkeit der unbewußten Szenerie sowie der Differenziertheit der psycho-somatischen Wahrnehmung. Sie befreit den Analytiker von jenen oft schwindelerregenden Blindflug-Gefühlen, denen er sich in manchen anderen Verfahren ausgesetzt sieht: in oft genialer Akrobatik habe ich nicht-analytische Therapeuten im Unbewußten wühlen sehen, kompetent auf *einer* bestimmten Ebene der Konflikte, hilflos auf einer anderen, gehalten weder von einer fundierten Theorie noch von einem Setting, das auch dann noch tragen kann, wenn vorübergehend die Orientierung verlorengeht.
Es wäre nicht falsch, die Pesso-Therapie ein radikalisiertes Psychodrama zu nennen, allerdings unter Einschluß der leib-seelischen Zusammenhänge, oft sogar ausgehend von rein körperlichen Wahrnehmungen am soge-

nannten Protagonisten. Was den Analytiker angesichts der Arbeit von Pesso geradezu euphorisch stimmen kann, ist dies: er sieht, daß die zentralen Entdeckungen der neueren Theoretiker der Psychoanalyse (Mahler, Kohut, Winnicott, Kernberg, Bahut, Bion, aber auch Melanie Klein u. a.) tatsächlich in Interaktionen »erlebt«, verstanden und eingeordnet werden können. *Konstrukte* tauchen auf in der Form von plastisch-menschlichen Schaubildern: das verlorene Selbst kann sich darstellen als winzige Stimme inmitten dröhnender Identifikationen mit überwältigenden Anteilen früher Elternfiguren. Das schrille Konzert falscher Selbstanteile kann hörbar gemacht werden. Der Rest an eigenem Selbst erhält ein oder mehrere Hilfs-Ichs, um sich zum ersten Mal zu behaupten gegen die Übergriffe und Überschwemmungen durch bedrohliche frühere Figuren.

Der unbewußte Größenwahn des Narzißten wie des Depressiven darf sich darstellen und trifft auf eine behutsame, haltende Begrenzung, die ihn auf menschlichen Boden zurückholt. Die bösen Introjekte erhalten Stimme, werden lokalisiert, überprüft. Wie in archaischen Lebensphasen des kleinen Kindes, wo die es umgebenden Personen, meist die Mutter, noch gar nicht als geschlossene Figuren auftreten, sondern in Form von Teilobjekten, vor allem aber in aufgespaltener Form, als idealisierte gute und als verfolgende böse Gestalten, können die frühen inneren Bilder der Patienten noch einmal aufgespalten werden in den Gespenster- und Riesenreigen, als den das Kind die Erwachsenenwelt erlebt. Dadurch können sich sowohl die mörderischen Impulse ohne überwältigende Schuldgefühle entfalten wie die Kräfte der Zuneigung, der Verschmelzung und der Gier, die abgewiesen wurden oder allzu bedrohlich schienen. Für den kindlichen Animismus und das magische Denken gibt es ein Experimentierfeld, weil Stimmen, Eigenschaften, Atmosphärisches, Religiöses »verkörpert« werden können. Alle Kräfte und Motive, die überhaupt die Seele bewegen, erhalten die Möglichkeit, anschauliche Realität zu werden. Dies wäre platt, wenn als Realität nicht die ganze Vielfalt symbolischer Ausdrucksformen miteinbezogen wäre. Nicht umsonst haben die Pessos jahrelang mit Psychotikern gearbeitet: sie sind mit Fragmentierung, Spaltung, den Kräften des Zerfalls der Psyche wie den tiefen Sehnsüchten und Strebungen zur Neuintegration vertraut.

Um nicht in den Verdacht des Schwärmens zu geraten, gebe ich gerne zu, daß es sich um eine idealisierende Wahrnehmung des *Neuen* an ihrer Methode handelt: nicht der Personen der Pessos, sondern des Potentials der Integration psychoanalytischer Theorie in ihren feinsten Verästelungen mit der Wucht der Anschaulichkeit von frühen zwischenmenschlichen Szenen oder von in Körperspannung geronnenen Konflikten und Fehlhaltungen. Daß Al Pesso selbst den Eindruck eines genialen Condottiere im Reich des Unbewußten macht, nein, daß er es ist, sensibel wie eine psychische Radarstation inmitten widersprüchlichster Signale und zugleich zupackend wie ein Raubtier, das dann urplötzlich sein »Opfer« schützend im Maul trägt, statt es zu verschlingen, ist nicht zu bestreiten.

Seine Frau Diane vertritt eher die handwerklich-solide Seite, die für kontinuierliche Bodenhaftung sorgt, wenn der Löwe zum Sprung ansetzt und seine Pranken sich wie Flügel entfalten wollen. Sie muß auch ihn immer wieder erden, und er bekennt freimütig, daß sie ihn immer wieder vor den eigenen Flugphantasien rettet. Die beiden bilden in sich selbst ein therapeutisches Gespann und veranschaulichen eine doppelpolige Kreativität.

Da meine eigene Begeisterung mir weidlich verdächtig war, es im Bereich von Psychotherapie niemals den Stein der Weisen gibt und Euphorie doch eher auf ein Stück Realitätsverlust hindeuten könnte, gehe ich, bevor ich auf Einzelheiten komme, zunächst noch kurz dem inneren Aufschwung nach, den diese Begegnung, vor allen als Veränderungen im eigenen Arbeitsstil, hinterlassen hat. Die Freude über die Entdeckung beruht nicht auf einem jener kurzlebigen Erweckungserlebnisse, wie sie in solchen Work-shops mit den vielen Jet-Set-Therapeuten aus allen Kontinenten im Klima einer abgeschiedenen Zusammenkunft oft vorkommen. Sie beruht auf einer Erweiterung der Identität, sie resultiert aus dem Nachlassen einer Spannung zwischen zwei eigenen Polen: der klassischen Analyse und der bisher mehr ahnungsvollen, zuweilen auch chaotischen Teilnahme an vielen Varianten der eher dramatischen neueren Therapieformen. Inmitten aufwühlender Gruppenszenen hat sich meine analytische Identität vertieft, und die Lust, an der Inszenierung des Unbewußten, die Einbeziehung des Körpers, hat ihre analytische Fundierung und Legitimation gefunden. Pesso bildet für mich die lange gesuchte Brücke zwischen dem wilden Reichtum der neueren Therapieformen und dem Hauptstrom der psychoanalytischen Forschung. Ein quälender innerer Widerspruch hat sich aufgelöst zwischen der angstumgrenzten Bastion der reinen analytischen Lehre mit den Beschwörungen des immergleichen Settings und dem Wissen, daß inmitten des Chaos der neuen Formen wichtiges Neuland erarbeitet worden ist, dem mit dem klassischen Mechanismus der Verleugnung oder gar der rechtgläubigen Schmähung nicht mehr beizukommen ist. Ich kann Analytiker bleiben und muß mich dem Neuen doch nicht verschließen.

Währung die psychoanalytische Forschung immer kompliziertere Störungsformen im Schutz der Zweierbeziehung untersucht und die Sensibilität für Übertragung und Gegenübertragung auch in Bereichen verfeinert, die lange Zeit für das Setting unzugänglich schienen, entwickeln die dramatischeren Techniken Möglichkeiten, in intensiver Fokussierung rasch zu den Hauptkonflikten vorzustoßen. Jedes Setting hat seine Meriten und seine Gefahren: im Extrem kann eine Analyse immer subtilere Einsichten zutage fördern, und trotzdem bleibt Veränderung aus, oder das therapeutische Bündnis entartet zu einer langjährigen folie-à-deux, wie es Dörte Drigalsky in *Blumen auf Granit* beschrieben hat; in den anderen Therapien dagegen wird oft die Abwehr überrannt, und nicht wenige Teilnehmer verlassen die Stätte heftiger Mobilisierung mit schutzlos offenliegenden Eingeweiden. Eine der Grundregeln der Pessos ist die: im Verlauf jeder Sitzung bestimmt der Patient immer wieder von neuem, wie weit er gehen will. Der therapeutische Kontrakt wird also mehrfach erneuert und mit den erwachsenen Anteilen neu abgesprochen. Tritt aber wirklich eine tiefe Regression auf, so steht dem Protagonisten der Therapeut und die ganze Gruppe zur Verfügung. Dies gilt für viele verantwortungsvoll gehandhabte Therapieformen, wird bei den Pessos allerdings ausdrücklich betont. Manche »Struktur« dient daher erst einmal ausschließlich der Erfassung der Ängste und Widerstände, der Suche nach potentiellen Entwicklungslinien für eine Veränderung, der Ortung des aktuellen Lebensaugenblicks.

Die Pessos waren ursprünglich Tänzer. Ihre Aufmerksamkeit für Bewegungsabläufe, Körperverspannungen, für die oft minimalen Signale verschütteter Gefühle und verlorengegangener spontaner Lebensregungen stammen also aus jahrzehntelanger Beobachtung von leiblicher Inszenierung seelischer Inhalte. Sie arbeiten mit einem Konzept von »Lebensenergie«, die durch neurotische Blockierungen aus dem Bereich lebendiger Interaktion mit anderen oder mit sich selbst herausgedrängt oder nie verwendet worden ist. Soweit wie möglich soll diese Energie in »kompetente Interaktion« zurückgeführt werden können. Der »andere« oder »die anderen« bleiben also wichtig, aber sie müssen in einem langsamen Prozeß als eigenständige Wesen überhaupt erst wieder erreicht und nicht mehr nur gefürchtet, benutzt oder mißbraucht werden.

Neu an dieser Technik ist die Feinarbeit an der Szene, in der durch Beobachtung, Intuition und aktives Befragen die Mitspieler so lange vom Protagonisten genutzt werden können, bis das Milieu, die Stimmung, die Haltungen traumatisierender Personen oder Situationen präzise dargestellt werden können. Dies führt, in der Auseinandersetzung mit negativen Figuren oder Introjekten, zum Erleben tief verborgener Ängste, von Groll, Ressentiment, sadistischer Anklammerung, Haß oder Protest. Es wird dabei immer betont, daß die Auseinandersetzung den ausschließlich negativen Seiten der frühen Figuren gilt. Die Aggression bedroht den Patienten also nicht mit den Schuldgefühlen, die bei den kathartischen Mutter- oder Vatertötungsorgien mancher Therapieformen häufig auftreten, oder mit der partiellen Selbstvernichtung, die aus der fortdauernden Verschmelzung und Identifikation mit den vernichteten Objekten folgt. Ein Grundprinzip ist also die Regression auf die Stufe der Spaltung der Objekte.

Den bösen Anteilen werden »ideale« entgegengehalten. An ihnen kann der Patient in Erfahrung zu bringen versuchen, was er in den Momenten oder Phasen der Traumatisierung für seine lebendige Selbstentfaltung gebraucht »hätte«. Es werden ihm aber keine illusionären Verwöhnungsfiguren, keine Wiedergutmachungsengel zur Verfügung gestellt. Es ist vielmehr eindrucksvoll, wie mühsam der Prozeß ist, verlorengegangene oder nie zum Bewußtsein aufgestiegene Wünsche überhaupt wieder zu entdecken. Erst die Entzifferung des Körperdialogs, der oft genug ein Monolog war, führt zu Gesten und Worten, die das wirklich Benötigte sagbar machen. Manche Patienten stehen vor den potentiellen Ideal-Eltern wie gelähmt: Wünschen-Dürfen versetzt sie in Panik, Unglauben oder Urmißtrauen. Dann mag der einzige Wunsch sein: laßt mich in Ruhe! Wird diese gewährt, dann kann der nächste Minimalwunsch keimen.

Alle Phasen der psychosexuellen Entwicklung haben ihre eigene Bilder-, Wunsch- und Gefahrenwelt. Im Bereich der ödipalen Konflikte werden die Patienten oft überwältigt von dem Wunsch, ihre Eltern einmal liebevoll zugewandt, einig und selbstbewußt zu sehen, aber frei dafür, das Kind ohne allzu starke eigene Bedürfnisse anzunehmen. Doch der Patient darf auch seinen neurotischen Ersatzwunsch bzw. seine Ersatzlebenstechnik, nämlich aus der Spaltung der Eltern Kapital zu schlagen, mit voller Kraft neu inszenieren. Hinter dem bitteren Triumph erscheint dann eine immense Trauer oder eine tödliche Wut über das instabile System, das dem Kind eine realistische Einordnung in sicheren Grenzen und Rollen nie erlaubt hat. Eine der eindrucksvollsten Szenen ist immer wieder jene, in der, analog zum Kind, das in einem unkontrollierbaren Wutanfall von liebevoll-starken Armen gehalten wird, die ganze Gruppe einen Teilnehmer festhält, der in seine archaische Wut eintaucht und fürchtet, er vollende jetzt sein immer gefürchtetes und mit viel Lebensenergie unterdrücktes Zerstörungswerk, und für seine destruktiven Kräfte haltende Hände findet. Um einen solchen Rasenden zu bändigen, braucht es oft sechs bis acht Teilnehmer. Die »idealen Eltern« anerkennen seine Kraft, bestätigen, daß er enorm verletzt worden sein muß. Damit darf die Verletzung auch bewußt werden, sie ist oft verdrängt worden, weil die latente Wut schon schlimm genug ist. Das Motiv der Verletzung kann oft erst auftauchen in einer Situation, in der für die abgespaltene Wut zum ersten Mal im Leben nicht-traumatisierende Grenzen erlebbar werden.

Ich habe während der Work-shops Variationen des inneren Gottesbildes sich verkörpern sehen, die in Analysen selten in der Übertragung Gestalt annehmen können. In einem einzigen Menschen können mehrere Gottesbilder hausen und sich bekriegen. Daß der Teufel für Kinder, die nicht gänzlich abgeschirmt von religiösen Inhalten aufwachsen, vorübergehend eine sehr reale Figur ist, habe ich selten so plastisch gesehen. Manche Sitzungen nehmen die Form eines Exorzismus an, nämlich dann, wenn die tief verborgene Identifikation mit dem Teufel oder einem Attribut Gottes zum Vorschein kommt oder wenn deutlich wird, daß das halbe Leben eine Flucht vor dem Auge Gottes war.

Das Über-Ich kann ein ganzer Zoo von Gespenstern sein. Je früher die Störung, desto weniger gleichen die Über-Ich-Inhalte Freuds klassischer Summe der väterlichen Gebote im Kopf des Kindes. Leitendes Prinzip ist, die unbewußten Inhalte mit Sprache und Körpersprache so plastisch werden zu lassen, wie sie dem Kind früher erschienen sind. Bei eher paranoiden Störungen, lange vor einem manifesten Wahn, braucht es oft lange, bis die verschiedenen Stimmen, die zunächst von Mitspielern dargestellt werden, lokalisiert und mit Personen von frü-

her oder mit abgespaltenen Selbstanteilen in Verbindung gebracht werden können.
Da auch klassisch arbeitende Analytiker im Bereich des ödipalen Konflikts hinter der Couch eher szenisch denken und erleben, will ich in weiteren Beispielen vor allem auf Konstellationen eingehen, die im Setting der Analyse sich weniger anschaulich abzeichnen. Wichtig bei der Inszenierung unbewußter Konstellationen ist auch – im Unterschied zur Analyse, in der die Konflikte eher durch eine zeitliche Streckung im Nacheinander deutlich werden, die verschiedenen Inhalte, Stimmungen, Objekt- und Subjektrepräsentanzen zeitlich eher hintereinander aufgereiht, also diachronisch erscheinen –, daß es bei der Pesso-Arbeit eher um eine synchronische Montage des Konfliktstoffs geht. Statt einer Wanderung in der kontinuierlich fließenden Zeit (wie z. B. in der Musik) handelt es sich eher um eine Inszenierung im Raum, um eine Serie von Bildern. Der Reichtum der zeitlichen Abfolge ist ersetzt durch den Reichtum der gleichzeitigen Sichtbarkeit des Geschehens, wenngleich natürlich durch die menschliche Interaktion der Faktor Zeit immer spürbar bleibt. Trotzdem möchte ich dem analytischen Nacheinander hier idealtypisch das eidetische Nebeneinander gegenüberstellen.
Ich wähle als Beispiel, stark vereinfacht, die »Struktur« eines Borderline-Patienten: er kann zunächst sein Gegenüber nicht anschauen. Der Therapeut schlägt dem Protagonisten vor, zu erproben, welche Wirkung er mit seinem Blick befürchtet, insgeheim aber auch erzielen möchte. Der »Akkomodierende«, etwa in der Rolle einer mit ihrer Strenge alles beherrschenden Großmutter, in deren Haus die Familie lebt, stellt Erschrecken und Entsetzen dar über den »bösen« Blick des Protagonisten, der das Trauma des unerbittlichen Angeblickt-Werdens end-

lich umkehren will. (Es handelt sich hier also um eine Identifizierung mit einem Aggressor. Es wäre ebenso eine andere Form und Ursache ängstigender, meist abgespaltener Wut denkbar, die sich zu einer Art »Augenblock« verdichten kann.) Unter dem Eindruck der Wirkung des »bösen« Blicks steigert sich der Ausdruck entweder zu Wut und haßerfüllter Handlungsbereitschaft, oder der Protagonist spürt den Wunsch, in magischem Denken die Macht des Blicks, den er wie einen Todesstrahl erleben kann, so zu steigern, daß der böse Anteil der Figur stirbt. Das wird als Triumph erlebt, verbunden mit dem Gefühl, eine starke und ängstigende innere Kraft vielleicht zum erstenmal lokalisiert und verstanden zu haben. Unmittelbar danach mag sich eine Art Stupor einstellen, ein Zustand der Verwirrung, aufkommender Angst oder starker Trauer. Der Stupor schirmt wie eine Wand eine starke Verlassenheitsangst ab, die aufkommt in Zusammenhang mit der Mutter, die während der Kriegsjahre aufgrund von Krankheiten, Panik, Depression unzuverlässig oder uneinfühlsam oder unberechenbar war. Werden diese Eigenschaften in einem anderen Mitspieler verkörpert, dann können ihm gegenüber unter Umständen ebenfalls starke negative Affekte geäußert werden. Es kann aber auch sein, daß die Erstarrung nicht durchbrochen wird, weil sie zum habituellen Schutzpanzer gegenüber den Gefühlen aus den traumatisierenden Phasen in der Beziehung geworden ist. Es kann aber auch sein, daß die Mutter als Objekt überhaupt verschwunden ist hinter einer Beziehung zu einer Art von Basisstimmung, die mit der häufig durchlebten Atmosphäre im Luftschutzkeller verbunden war, einer Mischung aus Nähe, Panik, Körperkontakt, Sauerstoffmangel und primitiver, aber erstarrter Geborgenheit. Dann kann eine andere Person eben dieser verdichteten Atmosphäre

Stimme geben. Die Mutter war für das Kind buchstäblich in dieser Atmosphäre auf- oder verlorengegangen, aufgesogen oder selbst überwältigt von ihr. Es wird dann in kleinen und kleinsten Schritten exploriert, was die Botschaft dieser »Stimmung« ist, die als regressive, aber böse Zuflucht immer wieder aufgesucht wird. Hinter der Verlusterfahrung kann dann eine ebenso abgespaltene Fürsorglichkeit für die Mutter zum Vorschein kommen wie eine immense Verachtung, die aber nicht erlebt werden durfte. Je nach der Fokussierung können entweder die Objekte, die Abwehrwände, die Fragmentierung oder der Schutzpanzer dargestellt werden, oder abgespaltene Selbstanteile, die als Rückzugsinseln verblieben sind, beispielsweise eine Form der Angst, die zwar schlimm ist, aber sich noch lebendig anfühlt, im Gegensatz zur Leere und Trostlosigkeit der Erstarrung. Im günstigen Fall ist der Protagonist nun bereit, die Phantasie idealer Eltern zuzulassen und zunächst nach einer primitiven Form von Schutz vor den überwältigenden Gefühlen zu bitten, der vorübergehend die Erstarrung, Fragmentierung oder Depersonalisation ersetzt. Es mag aber auch der Wunsch hochkommen, daß die ideale Mutter die Panik des Kindes einfach *wahrnimmt*, was sie wegen der eigenen Panik nie konnte. Für manche Menschen, die, z.B. durch Kriegseinwirkung oder Lagerleben, sehr stark geschädigt sind, kann aber, wie bereits erwähnt, die Vorstellung idealer Eltern schlichtweg unzugänglich geworden sein. Sie brauchen also wie als Vorstufe eine »ideale Stimmung«, eine Mauer aus Menschen gegen das andrängende Grauen.

Können ideale Eltern akzeptiert werden, so mögen als Wünsche an sie auftauchen: ihr sollt euch nicht bekämpfen; ich möchte, daß ihr euch nicht verachtet, ich möchte sehen, daß ihr zärtlich sein könnt, ich möchte hören, daß ihr euch liebt, daß ihr mich gewollt habt, daß ihr zusammenbleiben werdet, daß ihr mich als zu euch gehörig betrachtet. Und später, ins Positive gewendet: daß ihr euch freut, daß ich da bin, daß ich euch auch etwas geben kann. Es ist oft erschütternd zu sehen, wie Kinder aus gespaltenen Familien, deren Thematik um Illoyalität, Verrat, Verachtung, Quälerei oder Machtkampf kreist, schon beim Anblick der ineinander verschlungenen Hände der idealen Eltern in Tränen ausbrechen. Sie wollen oft minutenlang sehen, daß die beiden sich liebevoll ansehen, bis dann der Wunsch aufsteigt, einbezogen zu werden in die liebevolle Gemeinsamkeit. Oft kommt es zu Einschlafszenen, wenn der Protagonist, vielleicht zum ersten Mal in seinem Leben, symbolisch erleben konnte, daß beide Eltern einträchtig an seinem Bett sitzen und in der gleichen Haltung noch da sind, wenn er nach ein paar Minuten die Augen wieder aufschlägt. Es handelt sich um intensive, symbolische Erlebnisse, denen immer wieder Trauer, Haß und Verzweiflung folgen können: Szenen eines symbolischen Neubeginns.

Um die Borderline-»Struktur« noch etwas weiter zu verfolgen: wenn der Protagonist einige seiner fragmentierten Ichzustände dargestellt sieht und sie wenigstens zum Teil mit bestimmten Szenen mit Objekten in Verbindung bringen kann, braucht er die idealen Eltern für deren langsame Integration. Er benötigt dann beispielsweise die Versicherung, daß sie seine divergenten Zustände kennen und stark genug sind, sie zu ertragen, daß also kein Affekt »exkommuniziert« werden muß. Dazu gehört, daß er durch Zustände von Verrücktheit gehen darf, daß auch die Intensität seiner Gefühle sie nicht schreckt, daß sie ihn notfalls körperlich zusammenhalten können, auch mit Hilfe der ganzen Gruppe, die dann als

Erweiterung der idealen Eltern eingesetzt wird.
Obwohl die Container-Funktion der Gruppe den Ausdruck auch sehr starker Affekte zuläßt oder fördert, handelt es sich nicht um kathartische Prozeduren oder um eine Abreaktionsmechanik. Pesso schreibt in seinem Buch *Experience in Action* (S. 197): »Auf jeden Fall muß betont werden, daß Gefühle nicht etwas sind, das man einfach eliminiert als ›Prozesse‹. Katharsis bedeutet, daß man seine Gefühle eliminiert gerade so, wie man die Abfallstoffe des Körpers ausscheidet. Gefühle sind keine Abfallstoffe.« Sie sollen vielmehr ihren Weg wieder finden in lebendige Interaktion, in sinn- und bedeutungsvolle Formen zwischen Subjekten.
Da die »Portionen« an Konfliktstoff, die mobilisiert werden, nach einer »Struktur« oft beträchlich sind, braucht der Protagonist meist auch noch nach der Gruppe eine Zeit der Ruhe, des Verdauens oder der Erholung, bei der er, wenn er es wünscht, oft von einem Gruppenmitglied einfach gehalten wird, oder es hält sich jemand in seiner unmittelbaren Nähe auf.
Da die meisten Teilnehmer bei den Seminaren, die ich miterlebte, Therapeuten waren, konnte eine gewisse Vertrautheit mit den eigenen Konflikten vorausgesetzt werden. Trotzdem eröffnete die Möglichkeit der szenischen Darstellung mit dem kontinuierlichen Prozeß der Überprüfung der eigenen Emotionen an den Reaktionen der Mitspieler für viele auch bisher unbekannte Konfliktbereiche. Vor allem aber lernen die Therapeuten das »Akkomodieren« schneller als die normalen Gruppenpatienten, die vielleicht zum ersten Mal mit einem therapeutischen Setting konfrontiert werden. Bei Anfängergruppen braucht es einige Zeit, bis der Sinn, vor allem aber die notwendige und ganz im Dienst des Protagonisten stehende Genauigkeit des »Akkomodierens« einge-

übt sind. Bei analytischen Therapiegruppen, die schon über längere Zeit laufen, ist es schwierig, die Teilnehmer, die es gewohnt sind, intensiv aufeinander zu reagieren, dahin zu bringen, die eigenen Reaktionsimpulse so weit unter Kontrolle zu halten, daß sie eine zum Protagonisten rein komplementäre Haltung einnehmen können. Manche Patienten wollen ja die wachsende Fähigkeit zur Einfühlung und zur emotionalen Antwort, die sie der Gruppe verdanken, anwenden und vor allem in der Rolle der idealen Eltern eben ideale spontane Reaktionen zeigen, wie sie sie gerade für passend halten. Dabei gilt es, einen Mittelweg zu finden zwischen dem Schutzbedürfnis des Protagonisten, dem Grad seiner Regression und der Einfühlungsfähigkeit der Mitspielenden. Die Pessos unterbinden, selbst wenn sie mit Therapeuten arbeiten, die spontane Initiative der Akkomodierenden, aus Sorge, der Protagonist könne überschwemmt werden mit fremden Gefühlsangeboten, gegen die er sich nicht zur Wehr setzen könne, oder die er aus Dankbarkeit übernehme, weil er oft nie gelernt hat, angesichts einer emotionalen Überflutung oder auch des emotionalen Mißbrauchs durch wichtige frühe Figuren, sich abzugrenzen und auf dem für ihn Stimmigen zu beharren. Die Pessos behalten also das Monopol des Dolmetschens, der Exploration des Patienten und des Suchens (mit ihm) nach der wirklich stimmigen Geste oder Antwort in der Hand. In Gruppen, die seit mehreren Jahren laufen, habe ich es gelegentlich als künstlich empfunden, der spontanen Kreativität, die durchaus mit einfühlsamer Nachfrage verbunden sein kann, nicht behutsam freien Lauf zu lassen. Ist das Prinzip einmal verstanden, so kann sich der Protagonist auch wehren oder Hinweise geben, und wenn es schiefgeht, akzeptiert die Gruppe meist sofort, wenn der Therapeut wieder die Führung übernimmt. Es gibt in reiferen Gruppen auch einen begreiflichen Drang, in Ideal-Eltern-Rollen einmal zu zeigen, wieviel man von sich und anderen schon verstanden hat, und es schiene mir eine unnötige Frustration, dies zu unterbinden. Außerdem kann man den Protagonisten sowohl zu Beginn als auch während der Sitzung fragen, ob er auf spontane Interventionen reagieren kann oder lieber der mehr meditativ-vorsichtigen Führung des Therapeuten sich anvertrauen will.

Am Anfang ist es für manche Gruppenteilnehmer schwer, vor allem, wenn sie selbst am Spiel nicht beteiligt sind oder als »Akkomodierende« meinen, sie hätten die Bedürfnisse des Protagonisten längst erkannt, geduldig abzuwarten, bis wirklich die passende Geste oder der Tonfall gefunden sind, oder die Mimik oder ein präziser Wortlaut. Ist er einmal gefunden, so gibt es beim Protagonisten meist eine ganz typische, erleichterte, dankbare oder glückliche Evidenz-Reaktion. Der Vorgang ist dem Analytiker ja vertraut, der spürt, daß er mit seiner Deutung zwar auf dem richtigen Wege ist, der Patient sie aber wirklich erst voll annimmt, wenn sie mehrmals umformuliert, präzisiert, erweitert oder eingeschränkt worden ist. Nie vorher hätte ich für möglich gehalten, daß im Bereich der Darstellung von erlebten oder befürchteten oder erhofften Reaktionen eine derartige Präzisionsarbeit möglich ist. Viele Protagonisten wollen längst aufgeben oder sich mit ungefähren Annäherungen begnügen, weil sie es einfach nicht kennen, einfühlsam-genau nach ihren unbekannten Gefühlen und Wünschen gefragt zu werden. Um so befreiender ist es dann für alle Beteiligten, wenn sich mit der genauen Gestalt der Antwort eine Spannung auflöst und die lange Suche sich gelohnt hat. Die Reaktion gleicht oft der von Kindern, die sich verirrt haben oder die sich verlorengegangen glaubten, und dann nach langem Suchen doch gefunden werden. Freilich gleichen das genaue Erkanntwerden und auch die genaue Antwort auf eine bislang unbekannte Frage oft einem Schock: es stockt der Atem vor Erstaunen, vor Glück, auch vor Angst, den aufbrechenden Affekt nicht auffangen zu können. Wird die Angst vor dem Gefunden-Werden spürbar, so kann der Therapeut das Tempo verlangsamen oder sich erneut mit dem Protagonisten verständigen, wie weit er gehen will. Analog zur Psychoanalyse handelt es sich in vielen Fällen ja primär um nachgeholte Erkenntnis-Vorgänge, im Sinne eines Wahrgenommen-Werdens als differenziertes, in Konflikte verstricktes Subjekt.

Da die Pessos anfangs ihre Haupterfahrung in langen Jahren der Arbeit in psychiatrischen Kliniken gesammelt haben, sind sie besonders sensibel für Patienten, die gegen fremde Einflüsse sozusagen ohne Abwehr sind, außer eben der totalen Schutzschicht des psychotischen Rückzugs. Hat aber ein Patient einmal das Prinzip dieser Therapie begriffen und verinnerlicht, daß er wirklich so lange Regie führen oder mitführen darf, bis er ein unbekanntes Stück seines Selbst im Spiegel der Akkomodation gefunden hat, so kann er auch eine eigene Fürsorglichkeit für seine Bedürfnisse nach Abgrenzung und Integrität entfalten. Erstaunlich viele Patienten entfalten aber zunächst viele Schuldgefühle, wenn sie einen anderen oder mehrere »zu nichts anderem« gebrauchen dürfen als zur Suche nach verschütteten Gefühlen oder Selbstanteilen. Viele wollen vorzeitig abbrechen, weil sie fürchten, die Geduld sei erschöpft, oder die eigenen Gefühle zu klären sei sträflich illegitim. Jeder Analytiker hat die analogen Reaktionen auf der Couch ja vor Augen. Sie sind in der Intensität der Gruppenszene nur noch deutlicher zu sehen.

Eine wichtige Überzeugung, die ich während der Pesso-Arbeit gewonnen habe, ist die: es ist in der Gruppe, unter Einbeziehung der Körperphänomene und der von Therapeut, Patient und Gruppe vorangetriebenen Struktur-Arbeit, ungleich schwerer als in der dynamischen Arbeit der Analyse, die tragende Konfliktebene zu verfehlen und etwa einem Patienten mit geschwächtem Ich eine Deutungsebene überzustülpen, die ihn nur zum Schein erreicht. Es gibt einfach mehr Kriterien der Stimmigkeit. Wer in seiner eigenen Analyse Phasen der Deutungsarbeit auf der falschen Ebene mit den entsprechenden Gefühlen stiller Verzweiflung, sinnloser Auflehnung, Verwirrung oder Selbstverlust erlebt hat, oder wer in seiner eigenen Arbeit mit Patienten die Mühsal eines Dialogs »im falschen Stockwerk« erfahren hat, wird dies schätzen. Hier könnte in stagnierenden Analysen eine »Struktur« oft erhellende Anstöße geben.
Trotzdem bleibt klar, daß die analytische Kur auf der Couch vermutlich in vielen Fällen der einzige Weg sein wird, eine tiefgreifende psychische Störung aufzuarbeiten. Es ist mir nicht möglich, präzise Indikationen anzugeben. Eher intuitiv würde ich annehmen, daß es vor allem dort der Fall sein wird, wo überhaupt erst *längere* Phasen sicherer Regression, eine ausreichende Kräftigung des Ichs, die Voraussetzung für das Angehen der vorausliegenden Konflikte schaffen. Ähnliches mag für tief eingegrabene Charakterverbiegungen gelten, für deren Auflösung viel Zeit notwendig ist. Andererseits scheint es in der Gruppe viel leichter, den Panzer ichsynthon gewordener Haltungen aufzubrechen: die »Struktur« führt viel schneller zu einer »Selbstbesichtigung« innerhalb der Szenen oder Szenenfolge, die die Charakterdeformation erzwungen haben. Vermutlich ist eine Analyse auch dort der unverzichtbare Nährboden, wo

ein Verlassenheitssyndrom ein langsames, stetiges »Wiederanwachsen« an ein Objekt nötig macht. Auf der anderen Seite bin ich der Überzeugung, daß die Pesso-Arbeit, für die mir der Ausdruck »psychoanalytisches Psychodrama« am geeignetesten zu sein scheint, den Selbstheilungskräften des Patienten rascheren Anstoß gibt. Es sollte hier aber nicht gewertet oder rivalisierend verglichen werden, sondern es ging um die Darstellung einer Therapieform, die mit dem ähnlich differenziert wahrgenommenen und diagnostizierten Material technisch sehr viel anders verfährt.

Aus der unendlichen Fülle szenischer Möglichkeiten möchte ich noch einige Beispiele skizzieren, die bei den verschiedensten Phasen der psychischen Entwicklungen sowohl exploratives Ziel einer »Struktur« sein können wie Momente der Regression auf den Punkt eines Neubeginns, der die Regression hinter eine der Hauptebenen von Traumatisierung zur Voraussetzung hat.

So ist denkbar, daß ein Patient als wirklich ersten, störungsfreien Ort die Empfindung des Geschaukeltwerdens im Uterus braucht, um das Trauma der Geburt oder einer unwillkommenen Ankunft auf der Welt ins Auge zu fassen oder Alternativen dazu überhaupt zu phantasieren. Die Gruppe kann ihn wiegen. Er mag dann den Wunsch haben, in einem Gespräch mit idealen Eltern seine Ankunft vorzubereiten oder im vorwegnehmenden Dialog mit akkomodierenden »bösen« Aspekten der realen Eltern die »Wut« eines ungeliebten Fötus zu artikulieren.

In einem andren Fall mag der Patient Momente oder Phasen seiner Geburt nacherleben, wobei die Gruppe mit ihren Armen oder Körpern einen Geburtskanal bildet. Das Wiedererleben der Geburt ist ja in anderen Formen von Therapie zu einem zentralen Vorgang geworden.

Ein anderer Patient mag Augenblicke einer ungestörten Symbiose brauchen, um überhaupt ein Gefühl für eine mögliche Sicherheit in der Nähe eines mütterlichen Objektes zu erlangen. Eindrucksvoll zum Beispiel, in einem späteren Stadium von symbiotischer Nähe, der Augenblick, in dem ein Patient es zum erstenmal wagt, mit einer idealen Mutter sich flüsternd zu verständigen und so eine ihm bis dahin unbekannte Intimität zu erleben.
Ebenso sind viele Situationen der Trotz- oder, breiter ausgedrückt, der Individuationsphase szenisch darzustellen, wobei es für den Patienten erlösend sein kann, wenn zum Beispiel ein Hilfs-Ich die bis dahin unformulierbaren Inhalte eines »Nein« oder einer stummen Weigerung formuliert. Ich hätte zur Verdeutlichung auch der Phaseneinteilung von Mahler folgen können. Ödipale Szenen sind leicht zu phantasieren und zu inszenieren, die präzise, stimmige Variation muß allerdings in geduldiger Sucharbeit gefunden werden. Analoge Szenen sind denkbar mit vielen Momenten von Größen- oder Kleinheitsphantasien, mit narzißtischen Verletzungen oder Phasen der Verwirrung, des Rückzugs, der Depersonalisation oder einer psychotischen Fragmentierung. Die Einbettung der Szenen in einen Prozeß des Durcharbeitens ist natürlich notwendig.
Soll die These, die Pesso-Struktur-Arbeit sei ein gruppenpsychodramatisches Äquivalent zum analytischen Verfahren, überhaupt stimmig sein, so müßten die Äquivalente für die tragenden Grundbegriffe der Analyse, nämlich Übertragung und Widerstand, ebenfalls auszumachen sein. Klar genutzt wird die Spontanübertragung auf den Therapeuten, die sich meist zu Beginn herausbildet, die aber während der »Struktur« immer wieder sich abzeichnen kann. Im weiteren Verlauf aber wird die Übertragung sozusagen dort abgefangen, wo sie gleich-

sam auf ihre Entfaltung wartet: im unbewußten oder vorbewußten Reservoir. Der Abfluß erfolgt nicht in Richtung eines therapeutischen Objektes, das sich durch seine Neutralität für ihre allmähliche Entfaltung anbietet, sondern sie wird quasi zurückgelenkt in die Richtung der ursprünglichen Objekte oder Teilobjekte bzw. der inneren Objekte, an die die Besetzung gebunden ist; sie werden dargestellt, nach außen verlegt, und damit wird die Besetzungsenergie in ähnlicher Weise verflüssigt, wie es beim Aufbau einer Übertragung auf den Analytiker anzunehmen ist. Der Übertragung entspräche also, von der Nutzung der Spontanübertragung abgesehen, die Neuinszenierung der Szenen, in denen die Übertragungsbereitschaft sich gebildet hat. Drastisch ausgedrückt, geht Pesso zurück zu den Hochofentemperaturen der ursprünglichen Szenen, während der Analytiker in einem viel langsameren Erwärmungsprozeß das festgewordene Material umschmelzen will. Die Durcharbeitungszeiten sind vermutlich ähnlich lang, da in einer Gruppe jeder Teilnehmer – er muß ja auch den andern als Akkomodierender zur Verfügung stehen – nur alle paar Wochen selbst mit einer »Struktur« an der Reihe ist. Er erhält eine intensivere Erlebens-»Dosis«, aber in längeren Zeitabständen. Möglicherweise verknüpfen sich Indikationskriterien auch mit diesem speziellen Punkt der Verabreichungsform.

Das Äquivalent des Widerstandes ist nicht leicht zu benennen. Es gibt, wie in allen Therapieformen, die mit Rollenspiel arbeiten, den sogenannten »Spiel-Widerstand«, also ein mehr oder weniger ängstliches Zögern, sich überhaupt auf eine Szene einzulassen. Der Widerstand wird auch spürbar vor jedem neuen Schritt. Überwunden wird er allerdings weniger durch geduldiges *Deuten* als durch ein *Ermutigen* zur nächsten Geste, zur nächsten Begegnung, zum nächsten Satz, der einem Mitspieler in den Mund gelegt wird. Pesso selbst nutzt seine charismatische Autorität und Verführung zum Lebendigsein. Bei anderen Therapeuten verläuft die Ermutigung subtiler, weniger ungestüm. Eine wichtige Quelle der Ermutigung sind die Gruppe, und immer wieder die Entfaltungskräfte der Szene, die Rückfragen: was brauchst du jetzt? oder: was möchtest du jetzt sagen, aber auch die Aufforderung, kleine, noch unverstehbare Gesten oder Haltungen zu verstärken, bis sie ihren noch unbekannten szenischen Sinn entfalten. Der Therapeut in seiner Rolle als Regisseur und Hilfs-Ich entfaltet größere, direktere Autorität in Form aktiver Ermutigung, immer eingebettet in die Frage, ob der nächste Schritt riskiert werden kann. Bei längerer Regie-Arbeit spürt dann auch der Patient viel besser, in welche Szene er gehen will. Schließlich bleibt im Hintergrund auch der Leidensdruck ein mächtiger Anreiz, die Widerstände zu überwinden. Eine weitere Hilfe ist die allmählich wachsende Sicherheit des Patienten, daß jede Struktur das Moment des Neubeginns enthält, daß jede Struktur auf ein Stück Entfaltung hinausläuft: die Idealfiguren bestätigen ein kleines Stück Lebenskraft, Hoffnung, Initiative, Autonomie. Vielleicht liegt hier sogar eines der Geheimnisse für den Sog, der in der »Struktur« entsteht: nach durchschrittener Angst winkt jedesmal ein Ausblick, eine Hoffnung, eine Ermutigung des ungelebten Lebens.

Schwierig für die Rezeption der Pesso-Therapie wird es sein, daß Pesso, wie viele Pioniere, trotz seiner Nähe zur Psychoanalyse eine eigene Terminologie aus dem Boden gestampft hat. Das macht die beiden Bücher *Movement in Psychotherapy* (1969) und *Experience in Action* (1981) zum Teil zu einer schwierigen Lektüre. Der Analytiker ist zunächst einmal mit dem Versuch der Übersetzung in analytische Kategorien beschäftigt, bis er mit dem Begriffssystem vertraut ist. Dann schwindet des Fremdheitsgefühl, wenngleich manchmal ein Bedauern bleibt, daß Doppelarbeit geleistet wurde und nicht alles, was in der Psychoanalyse uns als gut ausgemessenes und theoretisch benennbares Gelände erscheint, in Pessos Begriffssystem vorkommt. Andererseits findet er Konzepte, die mir wie glückliche Raffungen mancher weit ausgefächerter psychoanalytischer Begriffe vorkommen, brauchbare oder geniale Vereinfachungen, die von der klinischen Erfahrung ausgehen, vom therapeutischen Erlebnisgehalt eher als von der zergliedernden Klassifizierung.

Die Pesso-Therapie scheint mir ein Geschenk aus der Welt des Tanzes und des Theaters an die Psychoanalyse. Die Zahl der legalen, halblegalen und wilden Abkömmlinge der Psychoanalyse wächst sprunghaft und mit zunehmender Geschwindigkeit. Denn die Kinder und die Bastarde selbst sind fruchtbar und mehren sich aus unendlichen Abspaltungen. Aus jeder differenzierenden Abgrenzung läßt sich durch Überbetonung des Unterschieds eine neue Richtung, eine neue Schule ableiten. Fast ebenso schnell wächst dann, wenn auch nicht bei allen, der schulmäßige, manchmal grotesk ritualisierte Ausbildungstrieb nach, mit raschem Wuchern der Bürokratien, der Statussysteme, der Ausbildungskompetenzen.

Viele Richtungen würden sich, gelassen oder empört, dagegen verwahren, Abkömmlinge der Psychoanalyse zu sein. Sind viele doch entstanden aus Wut, Enttäuschung, Ungenügen am klassischen Couch-Setting und den Einschränkungen der meist auf sprachliche Verständigung begrenzten »talking-cure«. Von Abkömmlingen zu sprechen, verrät also den engagierten Analytiker, der

über den Sezessionen, Abspaltungen, Polemiken, den Schwaden der Verachtung, der Überheblichkeit, des Neides, des hochmütigen Ignorierens zwischen den Lagern die vielen, wenn auch oft verleugneten Gemeinsamkeiten im Auge behält.
Je mehr eigene Erfahrung man im Umgang mit den neuen Therapieformen sammelt, desto mehr möchte man die Grenzlinie zum Schädlichen dort ziehen, wo sich kathartisches Aufbrechen und Überrumpeln geronnener Seeleninhalte unterscheiden von geduldigem, kompetentem Durcharbeiten von Konflikten. Und um so mehr schält sich auch – hier deckt sich die persönliche Erfahrung mit einem Haupttrend der Psychotherapieforschung – die verantwortungsbewußte, die erfahrene und engagierte Persönlichkeit des Therapeuten als ein Hauptkriterium der Fruchtbarkeit von Therapien heraus.
»Erfindet« einer eine neue Therapieform und betont das Neue oder Einzigartige seiner Entdeckung, so kann er sicher sein, daß es aus zwanzig Ecken tönt: aber das ist doch bei uns seit langem mehr oder weniger enthalten! Da dies halb wahr und halb falsch, für den Erfinder aber kränkend ist, betont er meist mehr als zuträglich die Differenzen und schafft geistige Arbeitsplätze für die Liebhaber der Grenzziehungsdogmatik. Wehe, wenn die Betonung der Unterschiede eindringt in das Ritual des Settings und der Ausbildungsanforderungen. Es geht immer zu Lasten des Patienten.
Der Nutzen der Pessoschen Thesen und behandlungstechnischen Vorschläge geht aber weit über das von ihm in der Ausbildung seiner Schüler penibel eingehaltene Grundsetting hinaus. Sowohl die vorübergehende artifizielle, psychodramatische oder auch nur phantasierte Aufspaltung der frühen Objekte wie die Aufgabe des Pa-

tienten, in bestimmten, ihn traumatisierenden frühen Szenen oder Phasen, die in der Therapie wieder auftauchen, nach den angemessenen sprachlichen oder gestischen Antworten idealer Elternfiguren zu suchen, erweist selbst in der Einzeltherapie eine unerwartete Fruchtbarkeit.

In einer ganzen Reihe der dramatisierenden Therapieformen, die auf ein vollständiges Ausdrücken der negativen Affekte gegenüber den frühen traumatisierenden Objekten das Hauptgewicht legen, fehlen oft die wichtigsten Erkenntnisse der Familientherapie und Familienanalyse der letzten Jahrzehnte, vor allem über das Ausmaß der unbewußten Loyalitätsbindungen und der subtilen Delegationsverhältnisse. In diesen Therapieformen wird oft so getan, als handle es sich darum, daß ein als getrennt verstandenes Subjekt vorwiegend seinen Eltern die Last der Wut, der Enttäuschung, der Verachtung und des Mißtrauens zurückgibt, ja zurückschreit, auch in Form von mörderischen seelischen und körperlichen (meist gegen Schaumstoff-Symbole) gerichteten Attakken. Wenn dabei die tiefen Loyalitätsbindungen (wie sie sich in der Psychoanalyse in der Übertragung ganz selbstverständlich an der Person des Analytikers wieder einstellen) nicht beachtet werden, richten sich die negativen Affekte auch gegen die verinnerlichten Teile der Objekte. Die Folge sind Schuldgefühle, psychosomatische Reaktionen, Gefühle von Leere und Depersonalisation, Vernichtungsängste und paranoide Reaktionen. Erst die Aufspaltung hilft zu erkennen, wo ein negativer Affekt der wirklichen Abgrenzung und der Wiederherstellung der Selbstachtung dient und wo er, vergeblich und destruktiv, gegen Selbstobjekte wütet, die in der seelischen Außenwelt noch gar nicht als selbständige Objekte konturiert sind, selbst wenn die dem Protagonisten als solche

in der Szene vorgegeben werden.
Es gibt also bei den dramatisierenden Therapieformen zwei Hauptgefahren: der Patient fürchtet, in seiner Wut durch die magischen Kräfte das mütterliche oder väterliche Gesamtobjekt zu zerstören, wenn er es vor der Attacke nicht aufspalten darf, und es droht ihm, in der Attacke auch Selbstobjekte zu beschädigen, von denen er noch sehr abhängig ist und die einen Teil seiner inneren Realität ausmachen. Gruppendynamische Prozesse der Delegation führen aber oft dazu, daß der Protagonist ermuntert, wenn nicht gar aufgestachelt wird, innere Objekte anzugreifen, an die er noch tief gebunden ist und die er noch braucht; er führt einen Stellvertreterkrieg für die zuschauenden Mitpatienten, die in solchen Momenten auf das Niveau von Kinokonsumenten regredieren, die einem Gladiatorenkampf zuschauen. Denn in allen Patienten liegt latent die magische Vorstellung bereit, es sei gegenüber den frühen Objekten nur ein gordischer Knoten zu durchhauen und der schwere Weg der Individuation sei geschafft. Diesem idealtypischen Negativ-Bild des Gladiatorenkampfes, der in vielen »Aufreißer-Therapien« aber immer wieder inszeniert wird, möchte ich die differenzierende Anordnung des Pessoschen Settings gegenüberstellen. Der Therapeut maßt sich hier nicht an, elterliche Gesamtobjekte zum Angriff freizugeben: er respektiert deren weitgehend unbekannten Reichtum und wählt einzelne negative Aspekte aus, von denen er zusammen mit dem Patienten spürt, daß sie ihn bedroht und geschädigt haben. Er gibt damit auch zu erkennen, daß Individuation nicht in die erwartete Katastrophe führt, sondern daß sie ein langsamer Weg der Abgrenzung, der auswählenden Identifikation und des selektiven Neins ist. Erst so kann auch mörderische Wut wieder der Selbstfindung dienstbar werden, anstatt

Kahlschläge zu hinterlassen oder die fortbestehenden Bindungen in die konturlosen Sümpfe psychosomatischer Beschwerden zu treiben. Denn wenn die inneren Objekte zu massiv und unfair angegriffen werden, ließe sich sagen: sie regredieren dann selbst und klammern sich in weit archaischerer Weise an den Angreifer.
Möglicherweise ist dies *eine* wichtige Erklärung für destruktive Verläufe in den undifferenzierten Formen der Primär- oder Urschrei-Therapie und deren Verwandten, in denen das Unbewußte, vereinfacht gesagt, als Gerümpelkeller gilt, den es in Gewalt-Aktionen zu entrümpeln gilt. Im Urväter- und Urmütterhausrat liegt aber das Kostbare mit dem Schädigenden vermengt, und der Räumungsvertrag mit der katarthischen Müllabfuhr hinterläßt oft nur leere Keller und Katzenjammer.

Der Versuch, den Patienten behutsam in einzelnen Szenen an Idealobjekte heranzuführen, an denen er fühlen lernt, was er in Momenten oder Phasen der Verzweiflung als Kind gebraucht hätte, fördert die verlorengegangene Empathie für sich selbst. Das Muster ist im Rollenspiel ebenso zu realisieren wie in der Einzelanalyse auf der Couch. Die vielen Variationen zugängliche Standard-Frage lautet: »Was hätten Sie Ihrer Meinung nach damals gebraucht?« Sie führt zur Phantasie von Alternativen, zu einem Bild des kindlichen Selbst, das wenigstens nachträglich fühlen darf, was ihm gefehlt hat. Ist dies ausreichend verdeutlicht, kann die Frage auf der aktuellen Übertragungsebene lauten: »Was bräuchten Sie jetzt von mir, wenn Sie das alles nacherleben?« Dann kann der Patient dem Analytiker oft wichtige Mitteilungen machen darüber, welche innere Haltung dieser einnehmen sollte. Er kann aber auch sagen: »Ich kann es noch nicht einmal spüren, geschweige denn formulieren, was ich brauche.«

Und der Therapeut kann für sich ergänzen: so eingeschüchtert, so weit von seinen wirklichen Bedürfnissen ist er noch entfernt, so weit von der Fähigkeit des Wünschens, weil er nur überleben konnte dadurch, daß er sich das Wünschen und das empathische Phantasieren abgewöhnt hatte; weil er vergessen hat, was ihm gut tut. Mitten in der verlorengegangenen Fähigkeit des Wünsches verdeutlicht sich dann die gemeinsame Suche nach dem aufgegebenen Selbst oder wichtigen Teilen von ihm. Es fördert die therapeutische Phantasie, sich das Innenleben des Patienten, vor allem des früh Geschädigten, vorzustellen wie eine Bühne, auf der ein chaotischer Trupp von Schauspielern, unheimlichen Gestalten, archaischen Monstern auf schwankendem Boden durcheinandertaumelt, und er selbst steht verängstigt in der Ecke, oder paktiert mit einem Monster oder fühlt sich zwischen den Gestalten hin und her gestoßen, und doch ist sein Auftrag, Regie führen zu lernen. Es ist nicht immer gut, als Analytiker zu warten, bis sich alle drohenden und lockenden Figuren in der Übertragung konturieren, weil dann oft in ängstigender Weise der Begleiter verloren geht. Der einzige Weg, ein Arbeitsbündnis zu erhalten, kann oft sein, sich als Hilfsregisseur anzubieten, die Spieler und Monster zu erklären und mit ihnen sprechen zu lernen, statt sie in der Übertragung in ihrem geballten Ansturm die lebenswichtige Beziehung zum Therapeuten bedrohen zu lassen.

edition suhrkamp. Neue Folge

[illegible]

Die Wiederkehr des Körpers [illegible]

[illegible]

Wie ein Buch [illegible]

[illegible]

Ein neuer Gott [illegible]

[illegible]

Die neue Unübersichtlichkeit [illegible]

[illegible]

edition suhrkamp. Neue Folge

131 Josef Esser, Gewerkschaften in der Krise
132 Die Wiederkehr des Körpers. Hg. v. Dietmar Kamper u. Christoph Wulf
133 Richard Saage, Rückkehr zum starken Staat?
134 Dieter Senghaas, Von Europa lernen
135 Peter Weiss, Notizbücher 1960–1970. Zwei Bände
136 Marin Sorescu, Abendrot Nr. 15
137 Joachim Veil, Die Wiederkehr des Bumerangs
138 Chinua Achebe, Okonkwo oder das Alte stürzt
139 Robert Pinget, Apokryph
140 Julio Cortázar, Ultimo Round
141 Faszination der Gewalt. Politische Strategie und Alltagserfahrung. Red.: Reiner Steinweg
142 Manfred Frank, Der kommende Gott
143 Die neue Friedensbewegung. Red.: Reiner Steinweg
144 Mythos und Moderne. Hg. v. Karl Heinz Bohrer
145 Mongo Beti, Remember Ruben
146 Franz Böni, Alvier
147 Der religiöse Faktor
148 Michael Buselmeier, Radfahrt gegen Ende des Winters
149 Karl Held/Theo Ebel, Krieg und Frieden
150 Jean-Pierre Vernant, Die Ursprünge des griechischen Denkens
151 Literatur und Politik in der VR China. Hg. v. Rudolf G. Wagner
152 Hans-Ulrich Wehler, Preußen ist wieder chic ...
153 Der Mensch als Risiko. Hg. v. Manfred Wambach
154 Nicolas Bornhorn, Der Film als Wirklichkeit
156 Die armen Frauen. Hg. v. Ilona Kickbusch u. Barbara Riedmüller
157 Zum Funktionswandel der Literatur. Hg. v. Peter Bürger
158 Ulrike Heider, Schülerprotest in der Bundesrepublik
159 Eva-Maria Alves, Maanja
160 Franz Koppe, Grundbegriffe der Ästhetik
161 Jürg Laederach, In extremis
162 Eike Hennig, Der normale Extremismus
163 Walther Abisch, Im Futurum perfectum
164 Peter Schwacke, Carte blanche
165 Tove Ditlevsen, Die Gesichter

166 Die neue internationale Informationsordnung. Red.: Reiner Steinweg
167 Ernst Bloch, Was schadet und was nutzt Deutschland ein feindlicher Sieg. Hg. v. Martin Korol
168 Peter Handke, Phantasien der Wiederholung
169 Volker Braun, Geschichten von Hinze und Kunze
170 Edward P. Thompson, Die Entstehung der englischen Arbeiterklasse
171 Roland Barthes, Elemente der Semiologie
172 Franz Xaver Kroetz, Frühe Stücke/Frühe Prosa
173 Werner Koch, Intensivstation
174 Literatur der DDR in den siebziger Jahren. Hg. v. Peter Uwe Hohendahl u. Patricia Herminghouse
175 Lloyd de Mause, Grundlagen der Psychohistorie
176 Josef Esser/Wolfgang Fach/Werner Väth, Krisenregulierung
177 Josef Winkler, Die Menscher
178 Uwe Kolbe, Abschiede und andere Liebesgedichte
179 J. M. A. Biesheuvel, Der Schrei aus dem Souterrain
180 Jochen Hörisch, Gott, Geld und Glück – Zur Logik der Liebe
181 Georg Vobruba, Politik mit dem Wohlfahrtsstaat
182 Walter Vogl, Hassler
183 João Ubaldo Ribeiro, Sargento Getúlio
184 Francis F. Piven/Richard A. Cloward, Aufstand der Armen
185 Abschied vom Recht? Hg. v. Rüdiger Voigt
186 Celso Furtado, Brasilien nach dem Wirtschaftswunder
187 Martin Roda Becher, Der rauschende Garten
188 Das Schwinden der Sinne. Hg. v. Dietmar Kamper u. Christoph Wulf
189 Rüdiger Lautmann, Der Zwang zur Tugend
190 Vom Krieg der Erwachsenen gegen die Kinder. Red.: Reiner Steinweg
191 Brecht-Journal. Hg. v. Jan Knopf
192 Feminismus. Inspektion der Herrenkultur. Ein Handbuch. Hg. v. Luise F. Pusch
193 Alexander Kluge, Schlachtbeschreibung
194 Andrea Lee, Russisches Tagebuch
195 Taktische Kernwaffen. Die fragmentierte Abschreckung. Hg. v. Philippe Blanchard, Reinhart Koselleck u. Ludwig Streit
196 Rüstung und soziale Sicherheit. Red.: Reiner Steinweg
197 Andreas Buro/Karl Grube, Vietnam! Vietnam?

198 Franz Böni, Der Johanniterlauf
199 Ngũgĩ wa Thiong'o, Der gekreuzigte Teufel
200 Walter Benjamin, Das Passagen-Werk. Hg. v. Rolf Tiedemann

Neue Historische Bibliothek
Hg. von Hans-Ulrich Wehler

241 Werner Abelshauser, Wirtschaftsgeschichte der Bundesrepublik Deutschland. 1945–1980
242 Dirk Blasius, Geschichte der politischen Kriminalität in Deutschland 1800–1980
243 Kurt Kluxen, Geschichte und Problematik des Parlamentarismus
244 Peter Marschalck, Bevölkerungsgeschichte Deutschlands im 19. und 20. Jahrhundert
245 Wolfgang Wippermann, Europäischer Faschismus im Vergleich 1922–1982
246 Michael Geyer, Deutsche Rüstungspolitik 1860–1980
247 Volker Hentschel, Geschichte der deutschen Sozialpolitik 1880–1980
248 Detlef Lehnert, Sozialdemokratie zwischen Protestbewegung und Regierungspartei 1848–1983
250 Peter Alter, Nationalismus
254 Hans-Ulrich Wehler, Grundzüge der amerikanischen Außenpolitik 1750–1900

edition suhrkamp. Neue Folge